I0083129

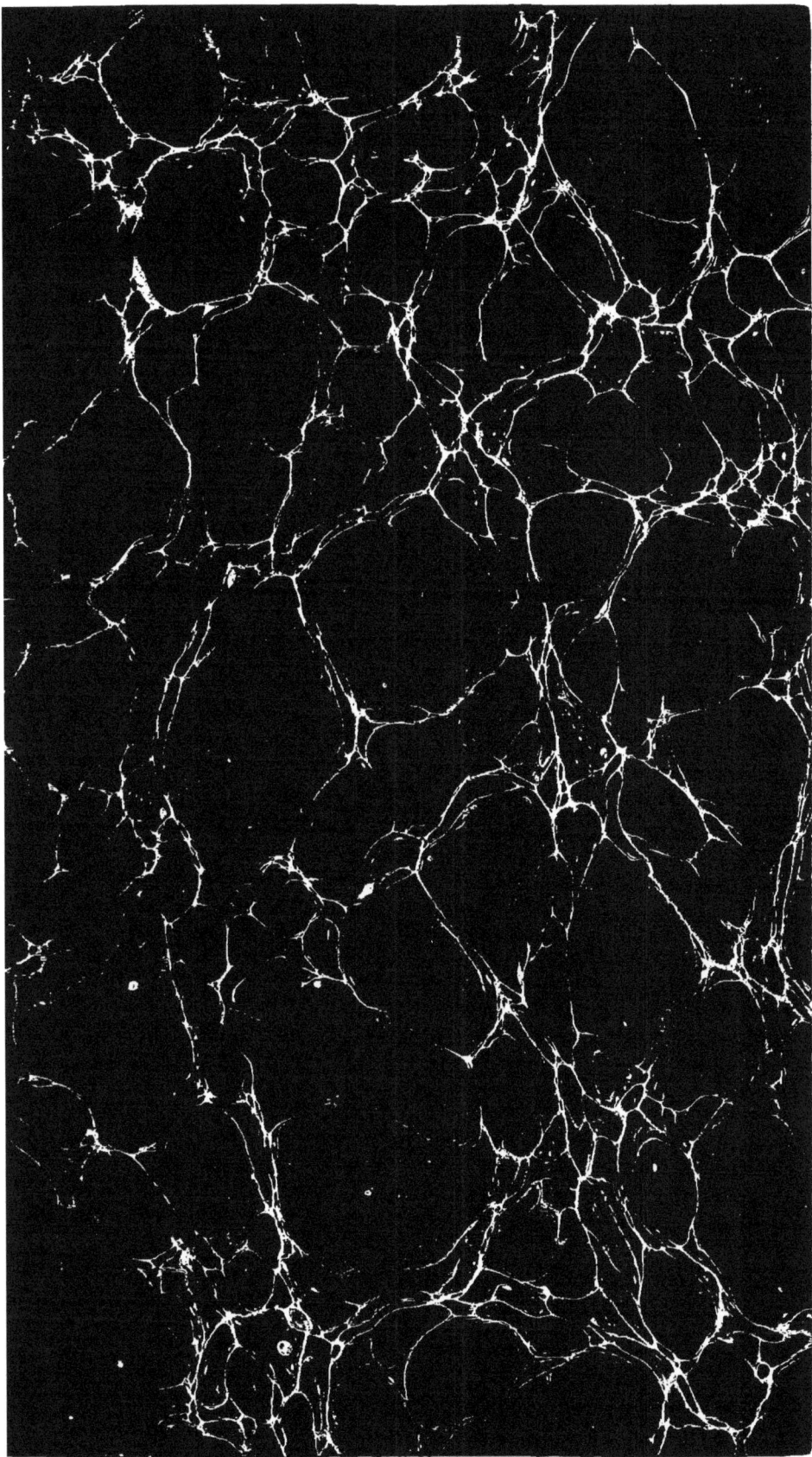

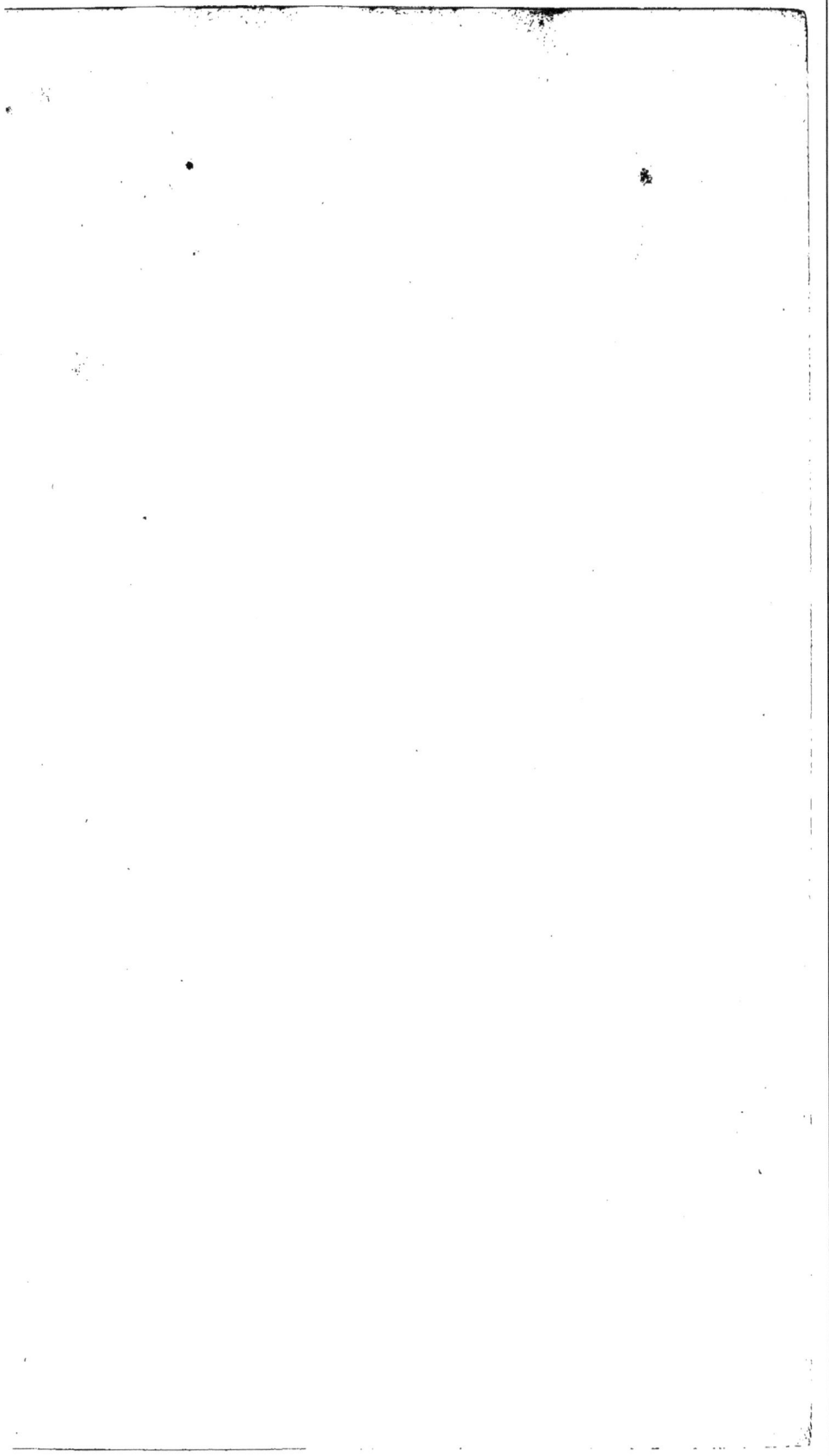

Lk 111

NOTICE

SUR L'ÉGLISE SAINTE-CÉCILE D'ALBI.

(par M. Henri Clair.)
Hipp. *Crozes*

NOTICE

HISTORIQUE ET DESCRIPTIVE

SUR L'ÉGLISE MÉTROPOLITAINE

DE

SAINTE-CÉCILE D'ALBI,

SUIVIE

DE LA BIOGRAPHIE DES ÉVÊQUES ET ARCHEVÊQUES D'ALBI,
DES ÉVÊQUES DE CASTRES ET DE LAVAUR:

dédiée

à LA SOCIÉTÉ ARCHÉOLOGIQUE DU MIDI DE LA FRANCE,

Par M. H. C.,

Membre Correspondant.

Miranda etiam in minimis.

TOULOUSE,

IMPRIMERIE DE VEUVE DIEULAFOY,

RUE DES TOURNEURS, 45.

—

1841.

La Société archéologique, sur le rapport de M. le marquis de Castellane, président de cette société et de la commission chargée de l'examen de cette Notice, en a agréé la dédicace dans la séance du 26 décembre 1840.

À TRAVERS le mouvement qui agite l'époque actuelle, des hommes de cœur et de talent, ont ouvert à l'esprit français une noble carrière. Ils ont compris ce qu'avait de grand le culte des souvenirs ; tout ce que nos vieux monuments offraient de majestueux et de sublime. Les écrivains et les poètes, par un retour inattendu vers le moyen-âge, se plaisent à introduire dans leurs ouvrages, ou dans leurs fictions, des châteaux, des donjons, des temples gothiques, tant ont de charme les traditions qui se rattachent à la religion ou à la gloire de la patrie ! L'histoire ne se borne plus à reproduire des Chroniques, souvent mensongères ; elle veut remonter aux sources, et trouver la preuve des faits dans les traces ineffaçables que les siècles ont laissées sur leur passage. On parcourt des yeux les murs des vieux édifices, pour y découvrir des inscriptions, pour y déchiffrer des légendes : les manuscrits qui peuvent éclairer leur origine ou marquer les phases de leurs embellissements successifs sont recherchés et scrutés avec avidité ; chaque pays s'empresse de produire ses propres richesses, chaque province fait valoir ses titres religieux et nationaux.

Malgré les désastres des guerres civiles et religieuses qui ont amoncelé tant de ruines, la France méridionale possède encore de nombreux chefs-d'œuvre, parmi lesquels la cathédrale d'Albi occupe un des premiers rangs. Cette église présente le tableau des arts à l'époque du moyen-âge et au temps de la renaissance ; elle résume l'architecture de trois siècles, retrace les mœurs pieuses de nos aïeux et les souvenirs du passé.

L'intérêt que l'on porte aux monuments, est inséparable de la mémoire des hommes qui les ont fondés. Sous ce rapport, l'histoire des évêques d'Albi peut trouver sa place après la description d'un édifice qu'ils ont eu la gloire d'élever et d'embellir. Si l'étranger ne s'attache qu'aux ouvrages d'art qui le distinguent ; peut-être les habitants de ces contrées verront-ils avec plaisir retracer les faits qui rappellent la munificence de leurs prélats ; peut-être aimeront-ils à connaître le détail des avantages que ceux-ci surent procurer au pays dont ils étaient, en même temps, les évêques et les seigneurs temporels.

NOTICE.

I

FONDATION DE L'ÉGLISE.

> Le temple que j'ai dessein de bâtir doit être grand,
> parce que notre Dieu est grand au-dessus de tous les
> Dieux.
>
> PARALIPOMÈNES.

SUIVANT les traditions les moins incertaines et les plus
anciennes légendes, saint Clair, après avoir converti les
peuples de la Gaule Narbonnaise, fut aussi l'apôtre et l'évêque du pays d'Albigeois [1]. Les fidèles de ces contrées,
comme tous ceux des premiers âges, furent d'abord forcés
de se cacher dans l'ombre de la nuit, pour célébrer les
saints mystères de la religion. Ils allumaient furtivement
leurs flambeaux sous les portiques de la mort ; un tombeau
leur servait d'autel. Lorsque la paix donnée à l'église permit
au culte chrétien de se produire au grand jour, de toutes
parts des temples s'élevèrent en l'honneur du vrai Dieu.

Alors fut construite, au sein de la capitale des *Albienses*,
une église cathédrale, sous l'invocation de la Sainte-Croix [2].

---

[1] Godescard. *Vie des Saints.* — Proprium Albiense.
[2] *Gallia Christiana*, tom. 1er, pag. 21 et 22.— *Hist. gén. de Lang.*,
tom. 4, pag. 39. — Lithographies de Chappui, texte descriptif de M. du
Mège. — *Almanach historique du Languedoc*, 1752.

Il serait difficile d'assigner l'époque précise de sa fondation ; on sait, seulement, qu'elle fut bâtie sur les bords
de la rivière du Tarn, au lieu appelé *Montagnac*, entre le
palais des comtes d'Albigeois et la métropole actuelle [1].

L'église de Sainte-Croix [2] suffit, durant plusieurs siècles, aux besoins des fidèles ; mais leur nombre s'étant
considérablement accru, il fallut un temple plus vaste et
d'un accès plus facile. Cette nécessité devint, dans la suite,
la préoccupation générale des esprits. Les prêtres et le peuple, les seigneurs, comtes et barons, voulurent participer
à la construction d'un nouvel édifice. Raymond, comte
de Toulouse ; Malfred, vicomte de Narbonne, et sa femme
Adélaïde ; les comtes d'Albigeois ; Trincavel, vicomte de
Béziers ; enfin, le fameux Sicard d'Alaman, laissèrent en
mourant des legs pieux pour en réaliser l'exécution [3].

Une considération ajoutait au zèle de ces fervents chrétiens : la nouvelle cathédrale devait être placée sous l'invocation de Sainte-Cécile, dont le nom était en grande vénération dans les provinces méridionales de la France, et
dont le culte avait toujours été célèbre dans l'église d'Occident [4] ; elle était honorée comme l'une des quatre prin-

---

[1] Les restes de cet édifice paraissent encore, sur un des côtés de
l'archevêché, à l'aspect du levant. M. du Mège en a donné le plan ; et ces
débris ruinés par les siècles n'ont pu échapper aux recherches de cet infa-
tigable savant.

[2] Sainte-Croix ne passa dans le domaine de l'évêque qu'en l'année 913, où
l'archidiacre Bénèbert lui en fit cession. *Almanach du Lang.* 1752.

[3] *Hist. gén. de Lang.*, tom. 2, pag. 93, 97, 107, 115, 120, 486 ; tom.
4, pag. 14.

[4] *Hist. gén. de Lang.*, ibidem. — Fonds de Doat., Bibliothèque royale,
n. 105, cathédrale d'Albi.

Déjà l'église de Sainte-Croix avait pris le nom de Sainte-Cécile et l'autel
principal lui avait été consacré. On lit dans le récit de la promotion de Bernard de Castanet à l'évêché d'Albi en 1273, rapporté dans la *Gall. Christ.*.

cipales martyres des Latins ; on trouve l'annotation du grand office de sa fête dans le Sacramentaire de la Liturgie Gallicane , d'usage en France dans le sixième siècle, surtout dans l'Aquitaine et les autres provinces soumises aux Visigoths [1].

Le vœu général était de rendre le monument élevé en l'honneur de sainte Cécile, digne de cette illustre patronne ; mais on reculait encore devant cette entreprise , lorsque le treizième siècle amena ce temps de véritables prodiges , où toutes les pompes de l'âge religieux de la France semblent s'être réunies. L'enthousiasme pour les monuments sacrés fut porté au plus haut point ; tout se fit pour les églises et par la protection puissante des prélats ; la foi soulevant les voûtes produisit ces magnifiques cathédrales qui sont l'orgueil de nos cités , et le plus bel ornement de notre patrie.

Bernard de Castanet , qui occupait alors le siége d'Albi , avait reçu la mission de se rendre à Rome , pour y presser la canonisation du roi saint Louis. Sa négociation eut bientôt l'effet qu'on devait attendre de son zèle actif et intelligent [2]. Le souverain pontife , voulant lui donner des marques de son estime , l'honora du titre de cardinal , et lui accorda la sécularisation de son chapitre , qui était de l'ordre de Saint-Augustin [3]. Un personnage d'un tel mérite était capable de comprendre son siècle et de suivre

tom. 1er , pag. 20 : *Intravit in civitatem Albiœ, in festo beati Antonii abbatis, et, erat dies dominicus, quâ die , etiam in altare Sanctœ Ceciliœ primam missam solemniter celebravit.*

[1] Godescard , 22 novembre. — *Vues pittoresques de la France,* par Taylor et Caylus.

[2] *Gall. Christ.,* tom. 1er , pag. 21.

[3] Bulla Bonifacii VIII, de *mutatione eccles. Alb. de reguld. in secul.*

l'impulsion donnée de toutes parts. Frappé des merveilles qui surgissaient dans toute la chrétienté, ce prélat voulut réaliser le vœu de ses prédécesseurs ; il fit arrêter le projet définitif de la cathédrale de Sainte-Cécile, et en posa, lui-même, la première pierre le jour de l'Assomption, 15 août 1282 [1].

Pour assurer l'exécution de son œuvre, l'évêque convoqua une assemblée générale de son clergé, dans laquelle il fut arrêté que chaque bénéficier du diocèse contribuerait du vingtième de ses revenus à la construction de l'église; et pour les exciter par son exemple, il commença par se taxer lui-même, ainsi que les membres de son chapitre [2]. De là vient, dit-on, que la taxe de plusieurs bénéfices étant demeurée annexée à la mense épiscopale, celle-ci se trouva toujours l'une des plus considérables de France, malgré les diminutions qu'elle eut à subir par l'érection de l'évêché de Castres en 1317 [3].

Bernard, par ces sages mesures, assurait l'avenir de l'entreprise qui devait immortaliser son nom. De pareils travaux ne sont pas l'œuvre d'un jour, et plusieurs générations d'hommes devaient concourir à l'exécution de ce monument. En effet, malgré le zèle de ses successeurs [4], il ne

---

[1] Dict. d'Expilly.—Mariana, *de rebus Hispaniæ*, lib. XII, cap. I.— *Hist. gén. de Lang.*, tom. 4, pag. 39. Néanmoins pour conserver le souvenir de la première église, on plaça la nouvelle sous l'invocation de Sainte-Cécile et de Sainte-Croix. On lit dans la *Gallia Christ.*, tom. 1er, pag. 21 : *Hic episcopus magnificæ basilicæ Albiensis sub titulo Sanctæ-Crucis et Sanctæ-Ceciliæ, fundamenta jecit in eminentiori situ cum antea in declivo ripa Tarnis ecclesia ædificata esset.*

[2] *Gall. Christ.*, tom. 1er, pag. 21. — *Hist. gén. de Lang.*, tom. 4, pag. 39.

[3] Catel, *Mém. du Lang.* — Massol, *Descript. du départ. du Tarn.*

[4] Berald de Fargis, Jean de Saya, successeurs de Castanet, firent travailler à la continuation de la cathédrale, dont les murailles s'élevaient déjà au

put être consacré que le 23 avril 1480 [1], et ne fut terminé qu'en 1512, c'est-à-dire 230 ans après sa fondation [2].

On ne comprend pas de nos jours que nos pères, avec les seules ressources que procuraient le zèle et la piété des fidèles, aient pu venir à bout de ces magnifiques ouvrages ; c'est que nous n'avons plus cette foi qui a remué tant de pierres, cet enthousiasme qui a produit d'aussi étonnants prodiges.

Les mêmes causes ont imprimé aux travaux du moyen-âge un caractère solennel et religieux que n'offrent point ceux d'une autre époque. Les chefs-d'œuvre si vantés de l'école moderne sont loin, malgré leur luxe et leur élégance, d'exciter en nous ce sentiment involontaire de grandeur, cette émotion indéfinissable, qui s'emparent de notre âme, quand nous contemplons les édifices bâtis dans les 12e et 13e siècles [3]. Si l'on considère l'élévation et la souplesse de leurs voûtes, l'harmonie qui règne dans toutes les parties qui les composent, on dirait que ces ouvrages sont une espèce de création divine : il semble que la main de l'homme n'a pu exécuter un travail dont l'esprit peut à peine saisir l'ensemble. Tout y paraît digne de la majesté suprême ; tout commande la vénération et le respect.

« Plus les âges qui ont élevé nos monuments ont eu de

niveau des plus hautes maisons. Guillaume de la Voulte, en 1383, termina la dernière arcade du côté du couchant, et éleva le clocher au niveau de la toiture. En 1475, par les soins de Louis d'Amboise, premier évêque de ce nom, cette tour atteignit à 94 mètres ou 290 pieds de hauteur.

[1] Acte de Consécration, fonds de Doat, cathéd. d'Albi, n. 105, bibliothèque royale.

[2] *Hist. gén. de Lang.*, tom. 5, page 99. — *Gall. Christ.*, tom 1, pag. 34.

[3] Châteaubriand, *Génie du Christianisme*. — *Les Arts au moyen-âge*, par M. du Sommerard. — *Les Églises Gothiques*, Paris 1837.

14

» piété et de foi , dit Châteaubriand, dans son *Génie du*
» *christianisme* , plus ces monuments ont été frappants par
» la grandeur et la noblesse de leur caractère. Les arts ont
» toujours dégénéré dans les siècles philosophiques ; c'est
» que l'esprit raisonneur, en détruisant l'imagination, sape
» les fondements des beaux-arts : on croit être plus habile
» parce qu'on redresse quelques erreurs de physique, qu'on
» remplace par toutes les erreurs de l'esprit, et l'on rétro-
» grade , en effet, puisque l'on perd une de ses plus belles
» facultés. »

II

DESCRIPTION DE L'ÉGLISE

A L'EXTÉRIEUR.

Opus grande est et latum.

Esdras, liv. 2, c. 4.

L'effet général que produit la vue extérieure de la cathédrale d'Albi ne ressemble en rien à la plupart des monuments de cette époque. La solidité et la nudité des masses qui
composent cet édifice, la gravité du style empreint de
pesanteur, n'excitent pas un sentiment profond d'admiration et de surprise ; mais seulement ce degré d'intérêt qui
naît de la sévérité des lignes et du grandiose des proportions.
Cette église ne présente au-dehors que peu de parties remarquables et ne mériterait point par sa construction extérieure d'être placée au rang des plus belles cathédrales de
France, si l'ordonnance du plan et les beautés de détail,
que nous remarquerons en décrivant l'intérieur, ne la faisaient regarder comme un des chefs-d'œuvre de l'architec-

ture gothique. Elle est entièrement construite en briques.
Cette matière, noircie par les siècles, a résisté au temps
comme la pierre la plus solide. Ses murs sont lisses ; on
conçoit qu'on n'ait pu les revêtir des ornements qui recouvrent avec tant de grâce la plupart des monuments du moyen-
âge ; la pierre seule peut se prêter au caprice de l'ouvrier
et aux formes qu'il est disposé à lui donner. Leur élévation est de cent quinze pieds au-dessus du sol ; ils sont flanqués, de distance en distance, de contreforts à demi ellip-
tiques sans pointe pyramidale ; un seul, terminé en flèche,
se trouve à l'extrémité orientale de l'édifice, et c'est là qu'est
placée l'horloge. M. Prosper Mérimée[1], frappé de leur forme
circulaire, qu'il dit être sans exemple en France, a pensé
que l'architecte, se défiant de ses matériaux, a voulu éviter
les angles saillants qui sont les premiers à se détériorer.
Malgré l'autorité de ce savant, si avantageusement connu
dans les arts, il nous semble plus naturel de croire, d'après
une tradition généralement admise, que le plan primitif
était d'élever tous les contreforts au-dessus de la toiture
et d'en former autant de tourelles semblables à celle de
l'horloge ; disposition qui aurait rendu l'extérieur de l'édifice
aussi riche qu'imposant[2].

A l'extrémité occidentale, s'élève un clocher, ornement
inévitable des monuments religieux, dont l'aspect contribue
singulièrement à la majesté de l'ensemble. C'est la masse de
briques la plus élevée que l'on connaisse, si l'on en excepte
les pyramides de l'Amérique septentrionale[3]. Il est de forme
carrée : quatre galeries l'environnent de toutes parts et ter-

[1] Notes d'*Un Voyage dans le Midi de la France.*
[2] D'après le plan primitif, le clocher était terminé en flèche, tous les contreforts formaient autant de tourelles, et entre chacune d'elles s'élevait une
statue colossale.
[3] Notes d'*Un Voyage dans le Midi de la France.*

minent ses reprises ; des tours placées à deux des angles
du carré, s'élèvent jusqu'au sommet, qui se termine par
une plate-forme octogone symétrique de 64 mètres de
surface. Dans ces tours, sont construits des escaliers en
pierre dont l'un a 366 degrés. Sa hauteur est de 130 mètres,
ou 400 pieds au-dessus du niveau des eaux du Tarn, et de
94 mètres 2 centimètres, ou environ 290 pieds au-dessus
du sol [1].

L'extérieur de l'édifice offre encore quelques beautés
remarquables. On trouve d'abord un portail construit
en 1380 par Dominique de Florence, alors évêque d'Albi.
Il est en pierre, admirablement ciselé et enrichi de la grâce
de la sculpture italienne. Malheureusement le marteau dé-
vastateur de l'homme a détruit la plus grande partie de ses
ornements, qui consistaient en bas-reliefs et en statues,
dont on voit les places vides. Ces sculptures étaient surtout
curieuses par leur singularité [2]. Semblables à celles que
l'on voit sur les portes des cathédrales d'Arles et de Nîmes,
elles présentaient un mélange de bouffon et de gracieux.
Leur destruction est d'autant plus fâcheuse, qu'elles auraient pu servir à l'histoire de l'art.

Ce portail donne entrée à un grand escalier, qui conduit à une plate-forme, sur laquelle s'ouvre la principale
porte de l'église. Là, sur un espace de douze mètres en
carré, s'élèvent à une grande hauteur des arcs gothiques,
dont la réunion forme un magnifique portique. Les
matériaux qui le composent sont travaillés avec une
rare perfection, et percés à jour avec un fini admirable.
Ce monument, commencé vers la fin du quinzième siècle,

[1] *Guide Pittoresque du voyageur en France*, 74ᵐᵉ liv., pag. 5.
[2] *Description naïve de l'Eglise de Sainte-Cécile*, manuscrit de 1684,
déposé à la bibliothèque d'Albi.

par les soins de Louis d'Amboise, ne put être terminé
pendant la vie de ce prélat. On aperçoit, sur toutes ses
faces, les armes des cardinaux de Prat et de Lorraine, des
évêques Joffroi et Aimar Gouffier, qui lui ont succédé.
Il était autrefois couvert d'une voûte, dont on voit encore
les ruines, et sur laquelle on arrivait par une porte percée
au-dessous de la croisée supérieure de l'église; le temps
et la révolution ont dégradé cet admirable ouvrage, mais
il conserve encore toute sa majesté; et par le pittoresque
de son ordonnance, il prépare aux effets qui attendent
l'observateur dès qu'il aura dépassé le seuil de l'église.

III

DESCRIPTION DE L'ÉGLISE

A L'INTÉRIEUR.

> Ce n'est pas avoir peu contribué à la majesté
> du culte, que d'avoir placé l'imagination du
> chrétien en prières sous le charme mystérieux
> de cette lumière incertaine, si favorable au re-
> cueillement, et d'avoir en quelque sorte réalisé
> pour lui une partie des murailles de la Jérusa-
> lem céleste.
>
> DE RIO, *forme de l'art.*

Une vaste nef sans piliers, dont la disposition semble
doubler l'étendue.; un jubé magnifique, des voûtes en
ogives, sur lesquelles s'étend un immense rideau d'azur,
impriment à l'intérieur de ce temple un caractère de grandeur et de majesté qui saisit l'esprit le plus froid et le plus
blasé sur les croyances religieuses et sur les effets de l'art.

Le jour qui y pénètre vient se refléter ou se perdre sur
les riches travaux d'architecture, de sculpture et de pein-
ture, auxquels il emprunte tour à tour une teinte lumineuse
ou sombre, qui inspire le recueillement et le respect. Il y
a dans cet ensemble une expression religieuse qui touche ;
une poésie suave semble écrite sur ces murs par une main
inspirée.

Le système d'architecture qui a présidé à la construction
intérieure de la cathédrale d'Albi, est à la fois imposant

et gracieux. Il offre , dans toutes ses parties , la régularité la plus parfaite , les dimensions les plus heureuses ; une pureté dans les lignes et une légèreté dans les masses qui surprennent et charment l'œil. Les ogives élevées qui couronnent l'entrée des chapelles , démontrent qu'elle a été construite dans le temps où l'architecture , improprement appelée gothique , avait atteint son plus haut degré de perfection. Cependant on y remarque le passage de ce style au genre moderne : les arcs sont plus ouverts , la courbure ogive beaucoup plus gracieuse , les nervures plus délicatement profilées ; mais cette transition d'une époque à l'autre ne forme ni contraste , ni disparate ; les deux styles y sont fondus et conservent à l'ensemble une unité réelle sans monotonie, qui constitue une des perfections les plus remarquables de cet édifice.

La longueur de l'église, dans œuvre, sans y comprendre la profondeur des chapelles placées aux deux extrémités, est de 92 mètres 5 centimètres , ou de 280 pieds 9 pouces ; et en y ajoutant cette profondeur, de 105 mètres 25 centimètres , ou de 324 pieds.

Sa largeur, aussi dans œuvre, sans y comprendre les chapelles latérales, est de 17 mètres 50 centimètres , ou de 54 pieds , et en tenant compte de la profondeur des chapelles, de 27 mètres 28 centimètres, ou de 84 pieds 2 pouces ; l'épaisseur des murs , avec les chapelles des deux côtés, prend 15 mètres 6 centimètres.

La hauteur de la voûte est de 30 mètres , ou de 92 pieds 6 pouces au-dessus du pavé [1].

[1] Voir au tom 4me de l'*Hist. gén. de Lang.*, le plan de l'église dressé à l'échelle, par l'ordre de Mgr de la Croix de Castries. — Lithographies de Chappui, planche 5. — *Guido Pittoresque du voyageur en France*, 74me liv. , pag. 5.

Comme toutes les grandes églises du moyen-âge , la cathédrale de Sainte-Cécile offrait les trois portes d'entrée ,
qui avaient chacune une destination particulière ; l'une était
réservée au clergé , aux princes et aux grands ; la seconde
était pour les hommes , et la troisième pour les femmes [1].
Deux de ces portes subsistent encore ; la troisième, fermée
depuis la révolution , était placée vis-à-vis l'entrée principale, dans la chapelle du Christ : on en voit encore les traces au dehors de l'église. Il n'est pas facile de comprendre
pourquoi les architectes , qui se sont piqués de mettre dans
leur ouvrage tant de régularité , n'ont pas ouvert la porte
principale au-dessous de l'orgue. C'était là , ce semble , sa
véritable position , et dès l'abord l'œil eût embrassé l'ensemble de l'édifice. Les chroniques du pays font connaître le
motif de cette disposition : le point où le clocher est construit formait autrefois la limite de deux communes diffé-
rentes ; celle de la ville et celle du *Castelviel.* Placée à
l'extrémité du monument , cette porte se serait ouverte
hors du territoire sur lequel l'église elle-même a été bâtie.

[1] Lithog. de Chappui , texte descriptif , *cath. de Chartres.* — Diction.
de Bergier. — Les trois portes se trouvent en général à côté l'une de l'autre ,
ainsi qu'on le voit dans les cathédrales d'Orléans, de Paris, etc.

IV

LA NEF.

Qualis ara, quanta sedes, ipsius capax Dei.

L'église est divisée par le jubé en deux parties presque
égales ; tout autour sont pratiquées vingt-neuf chapelles, au-
dessus desquelles règnent de spacieuses galeries, placées à
moitié de la hauteur de l'édifice. Neuf d'entre elles sont ou-
vertes dans la nef. Dans ce nombre ne sont pas comprises
· l'entrée du clocher, celle de l'orgue, non plus que la chapelle de Saint-Clair, qui termine la nef d'une manière si
imposante.

Cette dernière ne faisait pas partie du plan primitif ; elle
fut ouverte en 1693 par Mgr. Legoux de la Berchère, qui la
dédia à Saint-Clair, premier évêque d'Albi [1]. Une tradition,
généralement répandue, veut que cette chapelle ait été

---

[1] *Gall. Christ.*, tom. 1, pag. 42.

taillée, en entier, dans le massif de la base du clocher ; mais un examen attentif vient détruire cette opinion : la voûte et les ouvertures remontent évidemment à l'époque de la construction générale ; la brique qui les compose est lisse dans son parement, et le sol offre à l'intérieur un carrellement ancien au niveau du pavé de l'église, tandis que dans la partie qui sert d'entrée à la chapelle, et qui seule a été taillée dans le vif, le sol est formé par un massif de maçonnerie, et sous le mortier qui recouvre ses murs, on reconnaît la trace du ciseau. L'induction qu'on doit tirer de ces faits, est confirmée, en outre, par un monument écrit. On lit dans le détail de la translation des reliques de saint Clair, rédigé par l'ordre de Mgr. de la Berchère, que ces reliques furent placées dans une chapelle ouverte par le percement du mur, *perfosso pariete* [1].

La chapelle du Baptistaire renferme un groupe en stuc, qui représente le baptême de Jésus-Christ. Il est dû à la générosité de M. l'abbé de Vézian, chanoine de la cathédrale [2].

La chaire, placée au milieu de la nef, est aussi en stuc et en marbre. C'est un des objets qui fixe le plus l'attention par ses formes majestueuses. Elle n'est pas en harmonie avec le genre de l'église, mais c'est là un bel hors-d'œuvre.

Les décorations de la chapelle de Sainte-Marie-Majeure,

[1] Proprium Sanct. eccles. Albiens. ; in festo susceptionis reliqui. Sancti Clari, pag. 247. — *Gall. Christ.*, tom. 1er, pag. 42.

[2] Cet estimable ecclésiastique fut horriblement massacré, dans la Maison de ville de Saint-Chinian, à son passage dans cette ville, le 9 mai 1793, avec trois de ses collègues, MM. Boyer, Farssac et Nadau, tous prêtres du diocèse d'Albi, qui comme lui cherchaient leur salut hors du territoire français.

qui sont dues à M. l'abbé Breuil, archidiacre du chapitre, appartiennent à la même époque [1].

Les trois ouvrages dont nous venons de parler furent exécutés en 1776, par deux artistes Italiens, Mazetti et Maderni, dont les noms sont connus dans les arts.

« Ces constructions, dit M. Du Mège [2], quelque mérite » qu'elles puissent avoir d'ailleurs, remontent à une époque » où les artistes avaient abandonné les vrais principes, et » substitué le grandiose à l'imitation de la nature et du » beau. Le mauvais goût avait envahi les beaux-arts, comme » la fausse philosophie avait envahi la littérature ; on mé- » prisait, on dédaignait l'antique ; le genre adopté durant » le moyen-âge, stygmatisé de l'épithète de gothique, était » repoussé ; on affectait pour lui une espèce d'horreur. »

On ne doit donc pas être surpris que les artistes de ce temps ne se soient pas efforcés d'harmoniser leurs concep- tions avec le genre de l'église ; ils voulaient, au contraire, présenter aux yeux un contraste qu'ils croyaient être à l'avantage de leurs œuvres.

L'orgue, dont la construction remonte à l'année 1736, est l'ouvrage de Christophe Moucherel, natif de Toul, l'un des plus célèbres artistes, en ce genre, qui aient paru en Europe. Il est dû à la munificence de Mgr. de Castries [3],

[1] Les tableaux que l'on voit dans cette chapelle furent envoyés de Rome par le cardinal de Bernis. On lit sur l'un d'eux la date de 1777; ils sont d'une bonne exécution.

[2] *Album Catholique*, novembre 1832.

[3] On lit au-dessous de l'orgue l'inscription suivante :

Ad majorem Dei cultum hæc organa constructa sunt pietate et mu- nificentia illustrissimi Ecclesiæ principis D. Armandi Petri de la Croix de Castries, archiepiscopi et domini Albiensis, regii ordinis Sancti Spiritus commendator. Anno Domini 1736.

Une autre inscription, placée dans le positif, constate l'époque de la pose

qui y consacra son droit de chappe [1] et une somme de huit
mille livres sur ses revenus. Les débris de l'ancien, construit par Louis d'Amboise, furent cédés au facteur, avec
le petit orgue du jubé, que l'on jugea à propos de faire
disparaître. Ce dernier fut acquis par M. de Mège [2], prévôt
du chapitre de Saint-Salvi, et transporté dans cette église,
où il existe encore [3]. Il est permis de s'étonner que d'aussi
faibles ressources aient pu suffire à un travail aussi considérable ; mais les ouvrages d'art étaient autrefois moins
chers qu'aujourd'hui, et l'argent avait une valeur plus
grande que celle qu'il a de nos jours.

L'orgue de Sainte-Cécile est un seize pieds complet,
grand huit pieds au positif, composé de 54 registres ou
jeux ; six claviers, cinq à la main et un aux pieds, portant
trois bombardes, une au grand orgue, une au troisième
clavier à la main sur des sommiers séparés, avec des accessoires de trompettes, clairons, clarinettes, hautbois et
grand cornet ; ce clavier double la force des seize pieds

du premier tuyau, dont l'archevêque voulut conférer l'honneur à M. le
marquis de Castries, son frère. On y lit :

*Le premier tuyau de cet orgue et le plus gros de cette tourelle a été
posé le 26 septembre 1735, par M. François-Armand marquis de Castries, seigneur de Lévi, de Carlus et autres lieux, gouverneur de la
ville de Montpellier, port de Cette, et d'Aigues-Mortes.*

[1] C'était un droit que les évêques, chanoines et titulaires payaient à l'é-
glise, lors de leur entrée en fonctions. Ils l'appliquaient à l'objet qui était
à leur convenance. Ainsi, Mgr. de la Rochefoucauld l'appliqua à l'établissement de la voûte et du tambour de la grande porte d'entrée. Ce droit
était d'abord pour les évêques de 12,000, et plus tard de 30,000 livres.

[2] M. Marc-Antoine de Mège était parent du savant archéologue dont
nous invoquons souvent l'autorité. On lui doit une partie de la voûte de
l'église de Saint-Salvi, construite en 1736, le maître-autel de la même
église et les tableaux placés autour du sanctuaire. Ce vénérable ecclésiastique, décédé en 1749, fut enseveli dans la chapelle du cloître de l'église
de Saint-Salvi. Son tombeau a été détruit pendant la révolution.

[3] Sur le balustre en fer de l'orgue de Saint-Salvi, on lit la date de 1737.

ordinaires : la troisième bombarde est aux pédales. Le grand buffet , qui est d'une exécution charmante , en style de la renaissance [1] , présente une façade de deux cent soixante tuyaux , formant montre de seize pieds , montre de huit pieds au grand orgue , flûte de seize pieds , flûte de huit pieds aux pédales , faisant partie de la façade , montre de huit pieds au positif [2].

D'après ces détails , il est facile de comprendre l'importance de cet instrument.

Ce chef-d'œuvre d'harmonie devait trouver naturellement sa place dans une église dédiée à sainte Cécile. Cette sainte est en effet la protectrice des hommes qui ont voué leur génie à la musique. Il était juste que cet art sublime se choisît une patronne dans les demeures célestes , puisque le chant nous vient des anges , et que la source des concerts est dans le ciel. Les Murillo et les Raphaël l'ont représentée tenant un instrument dans ses mains , les yeux élevés vers le ciel où elle cherche ses inspirations. L'amateur comme l'artiste ont fait de cette vierge chrétienne l'objet de leurs hommages et de leurs invocations. Chaque année , avant la révolution , un grand nombre de musiciens se rendaient à Albi , de toutes les parties de la province , pour y célébrer la fête de leur patronne. Ces réunions annuelles , favorisaient l'émulation et contribuaient au progrès des arts dans un pays où la voix se mêle si bien au charme des instruments [3].

---

[1] Voir le dessin de l'orgue dans l'*Hist. gén. de Lang.* , tom 4.

[2] Rapport fait d'après l'ordre du Ministre des Cultes , par MM. Claude frères , maîtres facteurs d'orgues , demeurant à Paris , sous la date du 25 juillet 1839. C'est à suite de ce rapport que le ministre a accordé des fonds pour la réparation de l'orgue à laquelle on travaille en ce moment.

[3] Tous les maîtres de chapelle des cathédrales voisines se faisaient un devoir d'assister à cette solennité , et le chapitre leur payait les frais du voyage et du séjour.

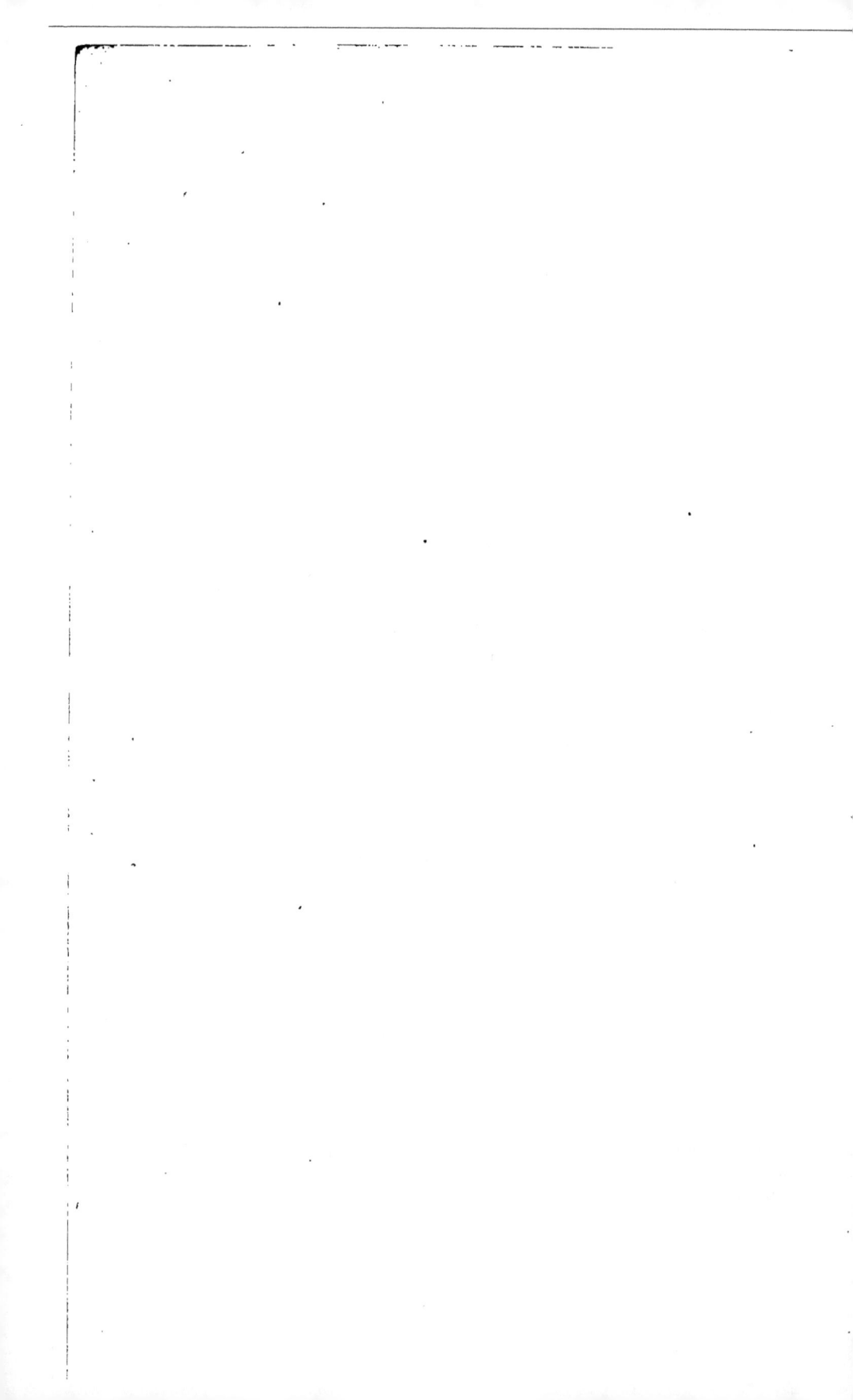

V

LE JUBÉ. — LE CHŒUR.

Le chœur commence, il est séparé du peuple par une haute barrière, traduction du voile du temple des Hébreux. L'art a mis tant de soins à découper, à broder la matière dont il est formé qu'elle n'est plus qu'un nuage transparent interposé entre l'œil et le sanctuaire, que l'ancienne loi rendait impénétrable, et qui ne doit s'ouvrir pour lui qu'à l'accomplissement de la loi nouvelle.

LES ÉGLISES GOTHIQUES, pag. 68.

Le jubé est construit en pierre ; sa largeur, sans y comprendre la partie où se trouve le double escalier qui y conduit, est de treize pieds, ou de 4 mètres 23 centimètres ; elle est, en y comprenant cet espace, de vingt-deux pieds, ou de 7 mètres 15 centimètres [1]. Un riche pérystile précède la porte qui donne entrée dans le chœur. Rien n'est beau comme les clefs pendantes des voûtes et les culs-de-lampe dont il est orné. La façade du jubé présente, dans son ensemble, une magnifique décoration, plus admirable encore dans ses détails : l'œil ne peut se lasser de considérer ces pierres réduites en dentelles, d'admirer la légèreté et la finesse de leurs réseaux, la variété de leurs guillo-

---

[1] Voir au tom. 4 de l'*Hist. gén. de Lang.*, le plan de l'église, planche 5.

chis, de leurs ciselures, de leurs coupures, fruits merveilleux
des fantaisies d'une imagination libre et inépuisable. Les
piliers sont ornés de grillages et de clochetons d'une élégance infinie. On raconte que le cardinal de Richelieu,
visitant la cathédrale d'Albi, en 1629 [1], voulut s'assurer
par lui-même de la matière qui avait servi à composer ce
grand ouvrage. L'ordonnance du chœur lui parut si belle,
qu'il en fit prendre le dessin, dans le but de faire construire, dans son hôtel, à Paris, une chapelle sur le même
plan.

Ces admirables sculptures ont excité l'enthousiasme des
étrangers, des artistes et des savants. Dans un rapport sur
l'église de Sainte-Cécile, le célèbre Romagnési s'exprime, au
sujet du Jubé, de la manière suivante :

« Tout ce que l'imagination peut se figurer de richesse
» n'approche pas de la vérité. J'ai vu tout ce qui existe
» en ce genre, tant en France qu'en Belgique et en Hol-
» lande, je n'ai rien vu d'aussi riche et d'un travail plus
» délicat. Des croquis faits à la hâte, et même les lithogra-
» phies les plus parfaites, peuvent à peine en donner une
» idée. C'est le dernier gothique dans toute sa richesse [2]. »

« Au milieu du chœur, dit M. Mérimée [3], un jubé ma-
» gnifique reproduit les formes gracieuses de l'enceinte
» de la plate-forme. La sculpture du 15me siècle y a épuisé
» tous ses délicieux caprices, toute sa patience, toute sa
» variété. On passerait des heures entières à considérer
» ces détails gracieux et toujours nouveaux, à se deman-

---

[1] Le cardinal était venu dans ces contrées pour y faire exécuter les conditions de la Paix conclue avec les protestants, par le traité fait à Alais, le
27 juin 1629.

[2] Rapport au Ministre des Cultes, du 29 février 1832.

[3] Notes d'*Un Voyage dans le midi de la France*.

» der avec un étonnement sans cesse renaissant, comment
» on a pu trouver tant de formes élégantes sans les répé-
» ter, comment on a pu faire, avec une pierre dure et cas-
» sante, ce que de nos jours on oserait à peine tenter
» avec du fer et du bronze. Je n'aime pas les jubés, dit cet
» auteur, ils rapetissent les églises, ils me font l'effet d'un
» grand meuble dans une petite chambre ; pourtant, celui
» de Sainte-Cécile est si élégant, si parfait de travail, que
» tout entier à l'admiration, on repousse la critique et
» que l'on a honte d'être raisonnable en présence de cette
» magnifique folie. »

Cette prévention de M. Mérimée pourra ne pas être généralement admise ; mais tout le monde partagera son admiration.

Le jubé et le chœur de Sainte-Cécile furent construits
sous Louis d'Amboise [1], par une de ces compagnies d'ou-
vriers maçons qui dans les treizième et quatorzième siècles
parcouraient la France, la truelle d'une main, le ciseau de l'autre, et s'arrêtaient partout où les évêques réclamaient le
secours de leur talent. Ils sortaient tous de l'école des tail-
leurs de pierre de Strasbourg, et formaient en France, comme
dans l'empire germanique, des corporations distinctes. Vers
l'an 1452, Dotzinger les réunit en une seule, dans une assemblée générale tenue à Ratisbonne, fixa des règles pour la
réception des apprentis, et choisit pour grand-maître de
cette confraternité, l'architecte de la cathédrale de Strasbourg [2]. La suprématie de l'atelier de cette ville sur les loges
allemandes ne cessa qu'après sa réunion à la France, et les
règles de la société se sont maintenues jusques à l'époque

---

[1] *Gall. Christ.*, tom. 1er, pag. 34. — *Hist. gén. de Lang.*, tom. 5,
pag. 99.
[2] Lithog. de Chappui, texte descript., cathédrale de Strasbourg.

de la révolution. C'est là l'origine de ce qu'on appelle aujourd'hui les compagnons du devoir.

Les sculptures qui ornent le chœur présentent la même richesse que celles du jubé. Son pourtour intérieur est surmonté d'élégants clochetons percés à jour, de pyramides et d'obélisques découpés avec une perfection que rien ne saurait atteindre. Soixante-douze niches renferment autant de petites statues d'anges sculptées dans les proportions de huit à dix pouces de hauteur, travaillées avec goût et variées avec intelligence. La naïveté, la grâce brillent dans leurs traits qui semblent respirer le ciel. Au-dessus des portes latérales, paraissent les statues des deux empereurs chrétiens, Constantin et Charlemagne, qui ont assuré l'un et l'autre le triomphe de la foi dans le monde. Le sanctuaire renferme celles des douze apôtres, tenant chacun dans leurs mains des légendes écrites en caractères du quinzième siècle, dont l'ensemble forme le *Credo*, qui est le symbole de leur foi. On remarque derrière l'autel une statue de la Vierge, chef-d'œuvre de pose et d'expression simple et naïve.

La longueur totale du chœur est de 113 pieds, ou de 36 mètres 72 centimètres ; sa largeur, en y comprenant les stalles, est de 30 pieds, ou de 9 mètres 75 centimètres [1].

L'extérieur du chœur est encore orné avec luxe. Ses pieds droits supportent des statues représentant les grands et les petits prophètes et quelques autres personnages de l'Ancien Testament. Chacune d'elles tient dans ses mains des cartouches sur lesquelles sont gravées des inscriptions tirées des livres saints ; on remarque que ces statues, comme

[1] *Hist. gén. de Lang.*, tom. 4, pl. 1re.—Lithog. de Chappui, planche 5.

toutes celles qui ornent les diverses parties du jubé et du chœur, sont un peu courtes. Les chroniques du pays supposent que l'artiste a voulu flatter ainsi l'archevêque Louis d'Amboise, dont la taille était peu élevée [1]. Cette tradition puérile est sans fondement. « Toutes les statues du XVᵐᵉ » siècle, dit M. Taylor [2], sont de la même dimension , et » cela, par opposition aux premières statues mérovin- » giennes qui étaient très élancées ; les unes ouvraient la » marche des arts du moyen-âge , elles étaient sveltes ; » celles-ci étaient fortes parce qu'elles allaient le fermer. »

Il est donc probable que ce défaut provient de la décadence de l'architecture gothique, plutôt que d'une complaisance ridicule.

[1] Massol , *Description du département du Tarn.*
[2] *Vues pittoresques et romantiques de la France.*

VI

PEINTURES.

Nous passons froidement devant des peintures
qui ont exercé l'influence la plus délicieuse et la
plus profonde, sur une quantité innombrable
d'hommes, durant le cours de plusieurs siècles.
            DE RIO, *Poésie chrét.*

Les murs et les voûtes de la cathédrale d'Albi sont
couverts dans toute leur étendue d'admirables peintures à
fresque qui en font le principal ornement.

Nous allons faire connaître les époques où elles ont été
faites et les diverses écoles qui les ont produites.

Tableau du Jugement et de l'Enfer.

Les plus anciennes peintures sont, sans contredit, celles
que l'on voit, dans le fond de la nef, sur les deux tours qui
forment l'encadrement de la chapelle de Saint-Clair. Ces
fresques, rongées par la poussière et fatiguées par le temps,

sont précieuses par leur antiquité, par la naïveté du dessin et les inscriptions en vieux idiôme qui en expliquent l'objet. La formation de la chapelle, ouverte en 1693, a mutilé cette vaste page de l'art du moyen-âge. Il n'existe plus que les parties latérales du tableau qui avait plus de 80 pieds de hauteur et comprenait toute la largeur de l'édifice. On peut juger, par ce qui reste, de l'ensemble de cette composition, qui représentait le jugement et les peines de l'enfer.

Au centre apparaissait le Souverain Juge dans tout l'appareil de sa puissance ; on aperçoit encore les nuages dont l'Eternel était environné et les esprits célestes qui formaient sa cour; deux anges embouchent la trompette du jugement; à côté on lit : *Surgite, venite ad judicium.*

Chacun s'avance timide et tremblant, un livre ouvert sur sa poitrine ; au-dessus on lit la légende : *Et vidi mortuos magnos et pusillos et libri aperti sunt.*

A droite paraissent ceux qui ont mérité la couronne de gloire ;

Au-dessous sept compartiments offrent l'image des tourments des damnés, appropriés aux sept péchés capitaux.

Une première légende forme le titre et comme l'indication de ce qui fait l'objet de cet ouvrage ; on y lit :

S'ensuyvent les peines des dampnés selon les sept péchés mortels ci-dessus painctes.

Des inscriptions en vieux français sont placées au-dessous de chacun de ces tableaux. Nous n'en citerons que deux en conservant leur orthographe :

La peine des orguilleus et orguilleuses :

Les orguilleus et orguilleuses sont pendus et attachés sur des roues situées en une montaigne en manière de molins continuelement en grande impétuosité tornans.

La peine des envieus et envieuses :

Les envieus et les envieuses sont en ung fleuve congelé plongés jusques au nombril et pardessus les frappe ung vent moult froit et quant veulent icelluy vent éviter se plongent dans ladite glace.

Enfin, une longue légende lie ensemble toutes les parties de ce tableau. Le peintre a mis dans la bouche de ces malheureux les touchantes paroles que la femme d'Elimélech, de retour dans sa terre natale, après la perte de son époux et de ses enfants, adressait aux femmes de Bethléem :

Ne vocetis, nos Noëmi id est felices, sed vocate nos mara id est amaritudinè plenos. Ruth.

« Ne m'appelez plus *Noëmi*, c'est-à-dire heureuse, mais appelez-moi *mara* ou pleine d'amertume. »

On reconnaît dans cette composition, qui est de la fin du quatorzième siècle, la manière vivace, originale et énergique des disciples de l'école de Gioto. Le Dante avait exercé à cette époque une action puissante sur l'imagination des artistes, et leurs ouvrges portaient l'empreinte du terrorisme mystique qui domine dans la première partie de son poëme [1]. André Orcagna fut le premier qui, s'inspirant du génie du poète, fit admirer l'énergie et la fécondité de son pinceau ; il multiplia à l'infini ses tableaux du jugement et de l'enfer, dont deux existent encore, l'un au *Campo santo* de Pise, et l'autre dans une chapelle de *Santa Maria Novella'*, à Florence [2].

---

[1] De Rio, *Poésie Chrétienne ; forme de l'art*, pag. 84.
[2] Ibid. pag. 82.

L'exemple donné par Orcagna fut imité dans plusieurs villes d'Italie, et l'on vit les *Cercles* de l'enfer représentés à Sainte-Pétronne de Bologne, à Talentino, dans une abbaye du Frioul, à Voltera, etc. [1]

Ces imitations furent ensuite portées en France ; mais il ne reste guère de ces compositions que le tableau dont nous venons de parler, qui est très curieux pour l'histoire de l'art [2].

Chapelle des deux Saints Jean et du Sépulcre.

Les fresques qui décorent ces deux chapelles remontent au commencement du quinzième siècle ; elles appartiennent à la seconde manière de la même école que les précédentes, et indiquent, sous certains rapports, les progrès de l'art.

Dans la première est représenté à droite le jugement de saint Jean par Domitien, et son martyre devant la porte Latine ; on voit à gauche le baptême du Sauveur dans le Jourdain et les scènes de la mort et de la décollation de saint Jean-Baptiste.

Dans la seconde, celle du Sépulcre [3], deux grands tableaux se présentent en face ; celui que l'on voit dans la partie la plus élevée est le portement de la Croix, la résur-

[1] De Rio, *Poés. chrét.*, pag. 84, — Vasari. *Vita di Taddeo Bartolo.*
[2] Les figures y ont un caractère général de tête, les yeux sont longs, très rapprochés vers la racine du nez et limités par deux lignes parallèles. Tous ces défauts se trouvent dans l'école de Gioto. Voir M. de Rio, ibid., pag. 72.
On trouve à la galerie Flamande du Louvre, sous le n. 521, un tableau fort ancien représentant les mêmes sujets, dont l'originalité fixe l'attention. Il est de Jacques Jordaens qui vivait vers le milieu du 16me siècle. Quoique postérieur aux fresques dont nous venons de parler, il est le même genre et présente les mêmes caractères.
[3] Aujourd'hui des Saints Anges.

rection est peinte dans le bas. A gauche est représentée
la trahison de Judas, et au-dessus de l'autel, la Montagne
des Oliviers.

Ces compositions représentent souvent des idées tri-
viales et sont les images vivantes de l'art à cette époque[1].

Chapelle de la Sainte-Croix.

Les peintures qui ornent la chapelle de la Sainte-Croix [2]
sont bien autrement remarquables, quoique empreintes du
naturalisme et du caractère étudié qui dominaient vers
le milieu du quinzième siècle, où ces fresques ont été
faites [3]; de tous les temps elles ont fixé les regards des
étrangers, appelé le crayon des artistes, et mérité par leur
conception originale et par la fraîcheur de leur coloris,
l'attention de tous les amis des arts.

Le premier empereur chrétien est d'abord représenté
au moment où il voit apparaître au-dessus de ses drapeaux
ces mots inscrits sur une croix lumineuse : *In hoc signo
vinces*. Dans un autre tableau, Constantin marche à la
rencontre de Maxence, et dans un troisième, celui-ci
fait avancer ses armées contre les chrétiens. Enfin, dans
une quatrième scène, se termine le drame qui va décider
du sort de la religion et de l'empire.

Il a plu au peintre de donner à ces personnages les
costumes des gentilshommes français. L'armure de Constantin est celle des souverains du quinzième siècle. Son cheval

[1] Lithog. de Chappui, texte de M. du Mège.
[2] Aujourd'hui Saint-Joseph.
[3] De Rio, pag. 91 et suiv.

est harnaché comme l'étaient ceux des chevaliers un jour de bataille ou de tournoi. L'aigle de ses enseignes n'est pas romaine. C'est l'aigle à deux têtes des empereurs d'Allemagne.

Au-dessous est représentée sainte Hélène, mère de Constantin. Cette princesse, poussée par une inspiration divine, va à Jérusalem pour y découvrir la Croix du Sauveur. On la voit montée sur un coursier, environnée des dames de sa cour, de pages et de varlets ; la forme de ses habits, remarquable par sa modestie, est celle adoptée par Anne de Bretagne, seconde femme de Louis XII, qui, au rapport des historiens, *se piquait de grande pruderie*. Le costume de ses pages est à larges bandes de rouge et de jaune ; leur chaussure découverte s'agraffe sur le cou-de-pied. Un personnage terminant la marche porte le faucon au poing, attribut de la noblesse à cette époque.

Le tableau qui sert de pendant à celui-ci, représente sainte Hélène assise sur un trône et interrogeant les vieillards de Jérusalem pour apprendre dans quel lieu devait se trouver la vraie Croix.

Des inscriptions tracées en caractères romains donnent l'explication de ces diverses scènes.

C'est au célèbre cardinal Joffroi, que l'on doit cette riche décoration. Ce prélat ayant vu à Rome, en 1466, le nom de sainte Cécile en grande vénération, demanda au pape Paul II quelques reliques de cette sainte [1]. Il porta dans son église ces restes précieux, et plaça sa cathédrale sous l'invocation spéciale et unique de cette illustre vierge [2]. Néanmoins le pieux cardinal voulut y con-

[1] Proprium Sanctorum eccles. Albiensis.
[2] L'église conservait encore la double dédicace de Sainte-Cécile et de Sainte-Croix.

server le souvenir de la première dédicace. Dans cette vue, il fit orner la chapelle de la Sainte-Croix, où il marqua la place de son tombeau [1]. Louis d'Amboise, son successeur, lui éleva un riche monument qu'il fit placer dans l'épaisseur du mur sous un arc ogive qui existe encore. Il était orné de deux statues en marbre blanc, représentant le cardinal et un de ses frères; elles ont été détruites pendant la révolution.

Les personnages qui figurent en face et au bas de cette chapelle, sont le cardinal Joffroi avec ses deux frères. Des inscriptions latines font connaître leurs titres et leurs qualités. Par une bizarrerie qu'expliquent les mœurs du temps où ces portraits ont été tracés, l'image de plusieurs saints a été placée à côté de chacun d'eux.

Peintures de la Voûte.

Les peintures qui décorent les voûtes forment le plus grand ouvrage à fresque qui ait jamais existé. On est étonné de leur fraîcheur et de leur conservation [2]. Cet

---

[1] *Gall. Christ.*, tom. 1er, pag. 33.

[2] « C'est une opinion généralement reçue à Albi, que les bleus des fres-
» ques sont faits avec du pastel. Je me suis assuré que c'était du cobalt
» qu'on a employé. Sur la couche même du mortier qui reçoit la fresque, on
» trouve un badigeon blanc sur une autre couche de mortier qui recouvrait
» les voûtes avant l'avénement au trône épiscopal de Louis d'Amboise en
» 1502. » (Notes d'*Un Voyage dans le Midi de la France*, par Mérimée).

L'expérience faite par M. Mérimée est l'analyse chimique, ce qui semble ne pouvoir plus laisser aucun doute.

Mais indépendamment de la matière, les artistes qui ont peint les voûtes de Sainte-Cécile avaient-ils un procédé particulier pour donner à leurs ouvrages l'éclat et la solidité que l'on admire encore après plusieurs siècles. On serait tenté de le croire: ce qui nous reste des anciennes peintures ne peut leur être comparé. Les fresques que l'on voyait au palais des papes d'Avignon, dans la salle de la déposition, et dont il n'existe plus que des fragments, étaient les seules en France qui approchassent de celles-ci.

3

immense travail, commencé en 1502 par Louis d'Amboise, deuxième évêque de ce nom, fut continué et achevé en 1510, par Charles de Robertet, son successeur. On reconnaît à la différence du dessin le point qui sépare cette reprise. La première partie comprend tout le dessus du chœur et du jubé ; on y voit les armes d'Amboise, composées de trois pals d'or en champ de gueules ; tandis que dans l'autre moitié sont placées celles de Charles de Robertet qui consistent en une cotice d'or chargée d'une aile de corbeau en champ de gueules. Ce prélat mourut en 1515. Il ne put jouir de l'admiration qu'excita généralement ce chef-d'œuvre de l'art chrétien. Nous n'avions pas d'artistes capables de se livrer à une pareille entreprise, attribuée avec raison à des peintres venus d'Italie [1]. On y reconnaît la touche un peu dure du Pérugin qui dominait encore et dont Raphaël affranchit l'école. Ce n'est pas au hasard que le peintre a parsemé cette voûte de médaillons et de tableaux ; on y voit la suite des patriarches et des prophètes de l'ancienne loi, qui se termine par la figure de Jésus-Christ tenant le livre ouvert des Évangiles où se trouve l'accomplissement

Les ouvrages de nos meilleurs artistes en ce genre sont encore inférieurs aux peintures de la voûte de Sainte-Cécile, sous le rapport de leur conservation. On dirait l'or vrai mis en parallèle avec l'or faux. La coupole de Sainte-Geneviève, à Paris, peinte par Gros, qui est si remarquable quant à l'exécution, a déjà perdu une partie de son éclat ; celle de Notre-Dame-de-Lorette, de Delorme, regardée avec raison comme un chef-d'œuvre ; les fresques de la chapelle du Purgatoire, de la même église, qui sont dues au pinceau de Blondel, ne présentent pas, quoiqu'elles viennent d'être terminées, la fraîcheur et la suavité de celles de Sainte-Cécile. C'est ce qui a fait dire au spirituel auteur des *Églises Gothiques* (pag. 104) : « Les deux églises artistiques de la Magdelaine et de Notre-Dame-de-Lorette, qui ont coûté tant de millions, ne rivaliseront pas encore avec la cathédrale d'Albi. »

[1] On ne voit sur aucune partie de la voûte, rien qui indique le nom des artistes qui y ont travaillé. On lit seulement dans les deux premières chapelles du tour du chœur, à droite, l'inscription suivante : *Joia Franciscus Donela pictor Italus, de Carpa. fecit.*

de cette même loi ; viennent ensuite les saints et les martyrs de la loi nouvelle. On y a entremêlé de temps à autre des figures symboliques, telles que les vertus, la théologie, la musique personnifiée, des écussons et des emblêmes religieux [1].

Pour apprécier le mérite de ces peintures, il faut les examiner en détail. Ce spectacle a excité un véritable enthousiasme chez les hommes versés dans les arts ; tous en parlent avec le sentiment de la plus vive admiration.

Les savants auteurs des Vues pittoresques et romantiques de l'ancienne France, s'expriment de la manière suivante :

« Rien, en France, ne peut être comparé à cette magni-
» fique décoration ; dans toute sa longueur, cette voûte
» n'offre qu'un tableau immense que les nervures divisent
» en brillants compartiments. Tout ce vaste champ est
» peint en azur, et sur ce fonds d'outremer une riche
» imagination a fait courir avec une grâce infinie d'élégants
» rinceaux d'acanthe, dont les enroulements sont remplis
» de sujets tirés des livres saints. Des images allégoriques
» y sont représentées avec un sentiment profond du sujet et
» toujours heureusement inventées dans l'intérêt bien en-
» tendu de l'unité des décorations du temple. Les arabes-
» ques sont rehaussées d'or, les moulures des nervures,
» les arêtes des voûtes sont dorées ; mais ce ne sont point
» de longues lignes riches seulement du brillant métal qui
» les recouvre, elles présentent des encadrements ornés
» avec un goût exquis. Cet ouvrage inouï est dû à des
» artistes qui appartenaient à la brillante aurore des arts de

[1] On trouve la description des peintures de la voûte, avec le plus minu-tieux détail, dans un manuscrit de 1684, qui est déposé à la bibliothèque d'Albi, dont le titre est : *Description naïve de l'église de Sainte-Cécile.*

» l'Italie , et dont les études s'étaient formées devant les
» fresques admirables qui couvrent tant de monuments
» élevés sur cette terre , la plus riche peut-être et la plus
» parée du monde entier. »

» On doit considérer , dit M. Du Mège [1] , comme un ou-
» vrage immense , qui honorera toujours les arts , les pein-
» tures de la voûte de Sainte-Cécile ; ornements de la plus
» grande richesse, du plus étonnant effet , et où le goût
» du seizième siècle paraît avec tant d'avantage. Que l'on
» se représente les voûtes d'un temple qui a plus de trois
» cents pieds de longueur , qu'on en calcule les cour-
» bes et leurs développements ; qu'on étende sur le tout
» une teinte d'azur ; que sur ce fond , dont la couleur
» éthérée paraît doubler la hauteur de l'édifice, on retrace
» par la pensée ces tortueux rinceaux d'acanthe , ces en-
» roulements grâcieux que l'on admire dans les palais de
» la belle Italie , que ces arabesques délicats empruntent à
» l'albâtre sa blancheur , et que l'or seul en rehausse les
» élégants contours ; que des êtres célestes se jouent dans
» les feuillages ; que les prophètes , les vierges , les saints
» y soient représentés ; que la pureté du dessin, la sim-
» plicité des poses annoncent l'école de Raphaël, et rappel-
» lent les fresques du Vatican ; que l'or brille partout ,
» qu'il étincelle sur l'azur, qu'il forme les nervures des
» voûtes et les principales lignes architecturales , et l'on
» aura une idée imparfaite encore de l'ensemble magique
» que présentent les somptueuses voûtes de Sainte-Cécile.»

Nous pouvons joindre à ces éloges le suffrage de l'un des
hommes les plus célèbres de notre siècle , pour ce qui tou-

[1] Lithog. de Chappui , texte de M. du Mège.

che aux talents de l'imagination, comme aussi pour tout ce
qui a rapport aux arts. C'est celui de M. le vicomte de Châteaubriand, dont nous sommes heureux de pouvoir donner
le jugement : « Je connais, a dit l'illustre écrivain après
» avoir visité Sainte-Cécile, la plupart des grandes églises
» de la chrétienté ; j'en ai vu de plus riches, de plus impo-
» santes, de plus magnifiques ; mais rien ne ressemble à
» cet édifice ; c'est un monument à part, auquel, sous
» beaucoup de rapports, aucun autre ne peut être com-
» paré. Son architecture est charmante, et ses peintures
» au-dessus de tout ce qui existe en ce genre ; ce n'est pas
» seulement une église, c'est un admirable musée. »

Peintures des murs et des Chapelles.

Les fresques qui recouvrent les murs de la nef et du chœur
n'ont pas, en général, le mérite de celles de la voûte. Cependant elles sont dignes, pour la plupart, de fixer l'attention. Les chapelles de Saint-Michel, de Saint-Pierre, de
Saint-Jacques-le-Majeur sont de la plus belle conservation
et du meilleur goût. Elles portent les dates de 1512, 1513.

La chapelle de Saint-Clair, placée au fond de la nef, et
celle où se trouve l'entrée du clocher, ont été peintes en
1699, 1700 et 1702 [1]. Les peintures de l'intérieur de la
première de ces chapelles, quoiqu'elles soient d'une époque
où les arts avaient fait de grands progrès, sont loin d'approcher des anciennes ; elles furent l'ouvrage d'un ecclé-

[1] On lit dans cette dernière chapelle la légende suivante, tirée du livre
des Paralipomènes, liv. 11, chap. 4, v. 22 : *Sicque completum est omne
opus quod fecit Salomon in domo Domini.*
Et sur le pilastre à côté : *Finis coronat opus.*

siastique, qui pouvait avoir des dispositions naturelles ; mais qui manquait de ce goût que donnent le travail et l'habitude [1]. L'invention des sujets est, du reste, aussi mauvaise que l'exécution dans le dessin ; les accessoires aux scènes sérieuses qui y sont représentées, vont quelquefois jusqu'au ridicule. Le peintre a pensé qu'on pouvait s'accommoder de la simple nature ; mais on la veut embellie et sévère tout à la fois.

---

[1] Aux angles de la chapelle, on lit : Hus. Caillet, *sacerdos hujus ecclesiæ, delineavit, pinxit et invenit.*

VII

TOMBEAUX.—PIERRES TUMULAIRES.

> Le christianisme s'est distingué des autres
> religions par une coutume sublime. Il a
> placé la cendre des fidèles dans l'ombre des
> temples du Seigneur, et déposé les morts
> dans le sein du Dieu vivant.
>
> CHATEAUBRIAND.

On ne peut sortir de l'église de Sainte-Cécile sans avoir
fixé son attention sur le pavé de ce temple, presque entièrement formé de pierres sépulcrales. Ici est tracée la figure
d'un évêque revêtu de ses habits pontificaux, les mains
jointes, les yeux fermés. Plus loin, est placée la tombe
d'un chanoine, d'un gentilhomme. Nos pères avaient pensé
que la religion qui avait pris naissance au milieu des tombeaux, devait les garder auprès d'elle. Idée sublime, qui
fit reposer la cendre des fidèles dans l'ombre des temples
du Seigneur. C'était en quelque sorte, d'après l'expression
de Châteaubriand, l'immortalité marchant à la tête de la
mort.

Un grand nombre d'évêques reposent dans cette église.

Des lames de bronze couvraient autrefois les tombeaux de plusieurs de ces prélats ; elles ont été enlevées et fondues pendant le temps où on ne respectait rien, pas même la cendre des morts. Trois d'entre eux étaient placés dans le chœur.

Le premier, qui se trouvait auprès de la chaire épiscopale, renfermait le corps de Mgr. de Daillon de Lude, dernier évêque d'Albi. Sur ce bronze était gravée l'inscription suivante :

Hic Jacet Gaspardus de Daillon de Lude, épiscopus Albiensis, reg. ord. commendator qui spreto magnifico funere prohibito per supremas tabulas, sepulchrali mole solas preees exposcit Henricus de Daillon de Lude par Franciæ, etc. [1]

A la suite, et au bas des degrés du sanctuaire, était placé Mgr. Alphonse d'Elbène premier ; ce prélat avait fait lui-même l'épitaphe suivante :

Hospitium ossium et cinerum Alphonse d'Elbène quondam episcopi Albiensis, ad novissimum diem traxit Deus ad gloriam. Verum tamen in imagine pertransit homo. Homo vanitati similis factus, dies ejus sicut umbra pretereunt. Obiit Anno 1608, die octava Februarii. [2]

A côté de Mgr. d'Elbène, reposait le corps de Mgr. de la Croix de Castries, commandeur de l'ordre du St.-Esprit, dont nous n'avons pu retrouver l'épitaphe.

En dehors de la porte latérale du chœur, du côté de la sacristie, une autre lame du même métal recouvrait les cendres du célèbre Charles de Robertet. On y lisait :

[1] *Gall. Christ.*, tom. 1er, pag. 42.
[2] Ibid., pag. 40.

Carolus Robertetus inclitæ hujus Albiensis ecclesiæ pontifex benemeritus hoc monumento suos ipsius cineres postquam vita concessisset uti placide quiescerent collocari voluit. Sata autem functus est anno post nativitatem Domini J. C. Salvatoris nostri 1515 die quinta idus Augustas. [1]

Une pierre sépulcrale marquait, dans le milieu du chœur, la place de Bernard de Camiat, premier évêque d'Albi, enseveli dans la cathédrale. Nous avons recueilli l'inscription gravée sur sa tombe :

Anno ab incarnatione Dni nori ihu XP MCCCXXXVII quarto kalendas XX mensis decbris obiit reverdus pater Bernardus de Camiato divina clementia cps Albiensis cuius aïa et omnium fidelium defunctorum per miam Dei sine fine. Requiescat in pace. Amen † [2].

Hugues Albert, évêque d'Albi, décédé en 1318, était inhumé à la montée des degrés du grand-autel.

Joffroi reposait dans la chapelle de la Sainte-Croix, à côté de son frère Hélie [3].

Derrière l'autel dédié à Sainte-Marie-Majeure, était enseveli Louis d'Amboise, premier évêque de ce nom. Ce prélat mourut à Lyon, et son corps fut porté dans sa cathédrale [4].

Le cœur du cardinal Louis d'Amboise, son neveu, décédé à Lorette, en Italie, est déposé dans le tombeau de son oncle [5].

Celui d'Hyacinthe Serroni, premier archevêque d'Albi, mort à Paris, le 7 janvier 1687, fut placé dans la chapelle de Saint-Amans, aujourd'hui Saint-Barthélemy.

[1] *Gall. Christ.*, tom. 1er, pag. 36.
[2] Ibid. pag. 26.
[3] Ibid., p. 33.
[4] Ibid., p. 35.
[5] Ibid., p. 36.

On voit dans celle de Saint-Jean un obélisque en marbre noir, élevé à la mémoire de Mgr. Quiqueran de Beaujeu. Ce prélat mourut à Albi, peu de temps après avoir été sacré, à Sainte-Cécile, évêque de Mirepoix.

Les autres tombeaux appartiennent à des dignitaires du chapitre et à des hommes qui ont rendu des services à l'église ou au pays. Diverses inscriptions rappellent des noms honorablement connus ; on y voit ceux de François Roger de Commène, fils du vicomte de Bruniquel, mort en 1593 ; du chanoine d'Imbert du Bosc ; de M. Flotard de Larroque-Bouillac, et d'un grand nombre d'autres, dont l'énumération serait trop longue. L'inscription faite en l'honneur du chanoine Galaup rappelle le nom du célèbre navigateur Galaup de la Peyrouse, que la ville d'Albi se glorifie d'avoir vu naître en 1741 ; on lit encore au milieu de ce nécrologe l'épitaphe du chanoine Guillaume de Resseguier, mort en 1629. Cet ecclésiastique est un des devanciers de l'ancienne famille de Resseguier, qui a produit tant d'honorables magistrats, et de nos jours ce noble et élégant écrivain, dont les compositions sont aussi gracieuses que spirituelles. La pierre tumulaire porte, en effet, les armes et le nom patronimique de cette famille.

La plupart des pierres sépulcrales sont surchargées d'armes parlantes, qui désignent le nom de ceux qui en sont l'objet. Ces armoiries sont curieuses par leur singularité. Le chanoine David a pour écusson la harpe du roi prophète, celui de Geairard porte l'image d'un Geai. Cet usage était alors généralement répandu ; il existe à l'Hôtel-de-Ville d'Albi un monument semblable des mœurs de cette époque. A côté du nom des consuls, figurent des armes parlantes, tirées de la signification de leurs noms.

VIII

ORIENTATION DE L'ÉGLISE.

Oriens ex alto.

CANTIQ. DE ZACHARIE.

Nos pères attachaient une grande importance à l'orientation de leurs églises. Cet intérêt avait son principe dans les souvenirs les plus respectables de la religion [1]. Les Juifs, lorsqu'ils priaient, tournaient leur visage vers le temple de Jérusalem ; Daniel ouvrait les portes de sa maison afin qu'elle fût purifiée par les premiers rayons du soleil ; c'est dans l'Orient que l'on vit paraître l'étoile miraculeuse qui annonçait le Messie, c'est là que le Sauveur a trouvé son berceau et qu'il est mort pour le salut des hommes.

Ces traditions inspirèrent aux premiers chrétiens la pensée de placer à l'Orient l'autel de leur sacrifice. Cette cou-

[1] Dictionnaire de Bergier. — Notes de Ménard, sur le sacramentaire de Saint-Grégoire.

tume s'est perpétuée d'âge en âge , et quoique les sciences physiques n'eussent pas atteint le degré de perfection qu'elles ont acquis de nos jours , les temples chrétiens furent orientés avec une étonnante précision.

Des cadrans solaires , placés sur les deux faces de l'arc-de-triomphe qui décore la grande porte de Sainte-Cécile , marquent chacun la moitié du jour. Le soleil quitte à midi celui de droite pour passer sur l'autre à une heure. L'inscription qui suit indique ce mouvement :

> *Tyndaridæ alternis fratres vixere diebus.*
> *At nobis vitam dividit una dies.*
> *Mutua sic homines utinam concordia jungat :*
> *Ut sibi partiri commoda cuncta velint.*

On voit au-dessous la date 1658.

Il existait avant la révolution , au-dessus du Christ placé sur le jubé , un globe en bronze, dans le milieu duquel une ouverture avait été pratiquée d'une manière horizontale. A l'époque des deux équinoxes, les premiers rayons du soleil qui passaient à travers le vitrage supérieur de la chapelle de Sainte-Marie-Majeure , placée dans le milieu des ailes du chœur , traversaient le globe et allaient se dessiner sur l'orgue à l'extrémité de l'église opposée à cette chapelle. Ce spectacle attirait , à ces deux époques de l'année , un grand concours de curieux [1].

[1] *Guide pittoresque du voyageur en France*, 74ᵐᵉ liv. — *Vues de* Taylor et Caylus.

IX

MUTILATIONS.

Quomodo mutatum est aurum, mutatus
est color optimus, dispersi sunt lapides
sanctuarii......

JÉRÉMIE.

A l'époque déplorable où le génie des arts eut à gémir
de tant de destructions, la cathédrale d'Albi échappa,
comme par miracle, au décret de proscription qui avait été
porté contre elle ; l'estimation des matériaux qui la composent avait déjà été faite, une société se préparait à en
faire l'achat pour en renverser les voûtes et les murs. Le
procédé courageux d'un ami des arts conserva ce monument à la religion. M. Mariés, ingénieur en chef, dont le
nom est devenu recommandable par ses lumières et par ses
travaux, prit sur lui d'exposer au gouvernement que la
gloire nationale était intéressée à la conservation de cet
édifice. Cette démarche eut un entier succès ; le comité

d'instruction publique de la convention ordonna qu'il serait
sursis à la vente, et chargea le ministre de l'intérieur de
prendre des renseignements sur l'avantage que pourrait
avoir dans l'intérêt des arts la conservation de la cathédrale d'Albi. Cette mesure devint plus tard définitive,
et le monument fut soustrait à une ruine qui paraissait
inévitable [1].

Mais déjà à cette époque, il avait été déshonoré par des
mutilations que nous devons faire connaître. Notre but en

---

[1] Nous avons trouvé dans les archives de la préfecture, la lettre de M.
Rolland de la Platrière, qui ordonna le sursis. Ce document nous a paru
assez curieux pour être rapporté ici.

Paris, le 9 décembre 1792, l'an 1ᵉʳ de la République.

*Le Ministre de l'Intérieur à Messieurs les administrateurs du dépar-
tement du Tarn.*

« L'un des principaux caractères des peuples libres est de protéger les arts
et d'en conserver les monuments, soit qu'ils servent à leur étude ou qu'ils
puissent même être simplement utiles à leur histoire.

« On m'assure que le chœur de la cathédrale d'Albi, chef-d'œuvre, à ce
qu'on me dit, de l'architecture gothique, est dans le cas de mériter quelque
intérêt. Les monuments de ce genre lorsqu'ils sont remarquables par un cer-
tain degré de hardiesse, d'élégance et même de ce goût dont quelques étin-
celles brillaient dès lors au milieu de ces siècles de ténèbres, ont tout à la
fois quelque chose de précieux pour les amis des arts, d'utile à leurs progrès, de touchant pour ceux qui étudient les rapports du présent au passé.
Mais comme dans cette matière, il est également indiscret d'écouter le
fanatisme des artistes ou la sévérité des administrateurs et de vouloir ou
tout conserver ou tout détruire, je vous prie de me rendre compte incessam-
ment du degré d'estime dont jouit et mérite de jouir parmi les connaisseurs
l'édifice dont on me recommande la conservation, et des motifs d'économie
ou d'amélioration qui pourraient en justifier la ruine ; vous voudrez bien
m'adresser tous les renseignements et même les dessins figurés, s'il en existe
ou qu'on puisse se les procurer facilement, qui pourront servir à diriger mon
opinion à cet égard. Je vous ferai attendre le moins qu'il me sera possible la
décision, jusqu'à laquelle je vous prie de suspendre toute détermination
ultérieure sur cet édifice. »

dressant le pouillé de ses ruines n'est pas d'exciter de stériles regrets, bien moins encore de réveiller des souvenirs amers; mais il faut que ces traditions continuent à vivre dans la mémoire des hommes, puisque c'est avec leur secours qu'on pourra réparer des lacunes si regrettables.

Le maître-autel du chœur était d'un bois précieux, qu'on décorait d'une pièce faisant partie de l'ornement du jour.

Sur l'autel était placé un grand reliquaire divisé en trois compartiments, doublés à l'intérieur d'épaisses couches d'argent.

La partie inférieure était remplie par des bas-reliefs d'argent massif doré, chacun de dix-huit à vingt pouces de hauteur, qui figuraient les mystères de la religion, à partir de l'Annonciation jusqu'à la descente du Saint-Esprit sur les Apôtres.

Le second compartiment était destiné à recevoir l'ostensoir. Sur les côtés se trouvaient des têtes ou des bras en argent, ornés de pierreries qui renfermaient des reliques de différents saints.

La partie la plus élevée était formée par deux magnifiques châsses d'argent, chacune de trois pieds d'élévation et d'une épaisseur analogue, dans lesquelles reposaient des corps entiers ou des parties insignes des corps des saints du pays. Une statue d'argent doré, haute de près de quatre pieds, représentant Jésus couronné d'épines, occupait le milieu de cette riche décoration.

Sur une colonne de bronze placée derrière l'autel, et qui dominait cet *Ecce homo*, se trouvait un ange de vermeil, ayant une main fermée dans laquelle était passée une chaîne d'argent recouverte en soie assujettie, à son extrémité, dans une armoire disposée entre la colonne et l'autel. Cette chaîne supportait une grande console à huit colonnes de vermeil qui renfermait le ciboire destiné à conserver la réserve. Au moment de la communion, le diacre détendait la chaîne, et l'ange accompagnait en s'inclinant la console jusqu'à ce qu'elle fût déposée sur l'autel.

Six belles colonnes en bronze doré environnaient ce magnifique ensemble et supportaient un candélabre à 60 branches, dominé par une croix du même métal. L'autel était enfin surmonté par un grand dais suspendu à la voûte de l'église par une chaîne de fer et orné d'une riche étoffe.[1]

On voyait dans le milieu du chœur un aigle de bronze, dont les aîles avaient plus de six pieds d'envergure, et dont les serres reposaient sur deux lions aussi en bronze. Autour étaient groupées les statues des quatre évangélistes, de hauteur de quinze à seize pouces. Cet aigle formait le pupitre destiné à recevoir d'énormes livres de chant, dont plusieurs en parchemin vélin, avec des vignettes d'un grand prix, représentant les diverses scènes de la vie et de la mort de Sainte Cécile.

Une immense croix de bronze doré, avec la représentation de Jésus crucifié, du même métal, dominait le jubé du chœur. Cette croix était assujettie à la voûte par une forte

[1] Ces détails se trouvent consignés dans le procès-verbal de la visite épiscopale de Mgr. Charles le Goux de Laberchère, du 24 février 1698.

La savant architecte Robelin a dressé, par l'ordre du ministre, un remarquable projet de reconstruction du maître-autel du chœur, où il a introduit une partie de l'ancienne disposition. Il serait à désirer que ce projet, auquel l'auteur a fait quelques modifications qui en rendent l'exécution moins dispendieuse, fût enfin réalisé : la pauvreté de l'autel actuel contraste avec la richesse des décorations et des sculptures qui l'environnent.

chaîne de fer, dans la longueur de laquelle se trouvaient d'espace en espace des globes de bronze doré ; c'est l'un de ces globes, perforé de l'orient à l'occident, qui recevait à l'époque des deux équinoxes les premiers rayons du soleil et produisait l'effet dont nous avons déjà parlé.

Toutes les chapelles de la nef étaient fermées par des grilles en fer, artistement travaillées, qui s'élevaient jusqu'à la naissance de l'arc ogive [1].

Les statues qui ornaient le jubé, et dont on voit les places vides, représentaient les apôtres et divers saints du pays [2].

Les fenêtres placées autour du chœur étaient ornées de vitraux de la plus grande beauté. Il n'existe plus que quelques fragments de ces chefs-d'œuvre, détruits par les ravages du temps et par l'effet de la révolution.

Si de l'intérieur nous passons à l'extérieur, les abords de l'édifice, ces portes mutilées, ces niches vides, montrent suffisamment tous les ravages qu'il a subis dans les temps de nos désastres.

La cathédrale d'Albi, comme toutes les églises du moyen-âge, était environnée de constructions colossales affectées au service de l'église, au logement des chanoines, des prêtres et des clercs.

A gauche de la grande porte, existait une chapelle, fer-

[1] Elles sont figurées au plan de l'église que l'on trouve au tom. 5 de l'*Hist. gén. de Lang.*, planche 5.
[2] On détruisit ces statues par le motif qu'on tenait dans la nef les assemblées populaires ; mais celles du chœur furent respectées, parce que cette partie de l'église fut consacrée au culte constitutionnel.

mée par une grille en fer et disposée de manière à être vue
en entier du bas du grand escalier qui conduit à l'é-
glise [1]; Elle remontait à la même époque que le jubé et pré-
sentait encore plus de richesse et plus de profusion dans les
détails [2]; on l'appelait chapelle de *Cueysse* [3], du nom de
l'ecclésiastique qui l'avait construite, à ses frais, pour la sé-
pulture des chanoines. On y voyait le tombeau du savant et
vertueux abbé Paulet [4], que M. d'Héricourt cite avec éloge
dans son histoire de l'académie de Soissons [5]. Cette chapelle fut entièrement détruite par la révolution.

[1] Elle est figurée au plan général de l'église : *Hist. gén. de Lang.*, tom.
4, planche 1re.

[2] La voûte de cette chapelle était composée de quantité de petits arceaux
artistement élaborés et cousus, en forme comme d'un petit labyrinthe, de
telle manière qu'il semble que l'ouvrier ait voulu s'égayer par avance et pré-
luder aux merveilles du dedans. *Descrip. naïve de la cathédrale d'Albi*,
pag. 1re.

[3] Il existait encore, peu de temps avant la révolution, parmi les vases sacrés de l'église, un calice donné par le même ecclésiastique. Il portait pour
écusson une *cuisse*, parce que ce mot se disait *cueysse* en patois, et qu'on
prenait souvent pour armes le signe représentant son nom.

[4] Et c'est sous cette chapelle,
Qu'est la dépouille mortelle
Du savant et pieux Paulet ;
Dont l'estime nous favorise,
Pour un aussi digne sujet,
Description naïve, etc., pag. 1re.

[5] On trouve dans cet ouvrage, pag. 47, un curieux article dans lequel
l'auteur raconte les détails d'un voyage qu'il aurait fait à Albi, en 1680,
du bon accueil qu'il y a reçu, de la bonne chère qu'il y a faite. Il y men-
tionne les hommes célèbres que le pays a produit, entre autres Boyer, de
l'Académie française, et Mlle de Saliez, dont il fait un charmant éloge. Voici
en quels termes il parle de M. Paulet :

Paulet presbyteri Joannis capellani (chapelain), *Parisiensis acade-
mici, de viragine Aurelianensi, carmen heroicum vernaculá linguá
scriptum in latinam transtulit, mirá elegantiá, versibusque plane
Virgilianis.*

Les autres bâtiments qui formaient l'enceinte de l'église et dont l'état était en possession depuis 1792, ont été démolis, il y a peu d'années, par mesure d'administration publique.

Leur destruction est un des fruits du faux système que quelques architectes modernes ont voulu faire prévaloir et qui consiste à isoler les anciennes églises sur de vastes places. Quelques hommes de bien ont pu être séduits un moment par leurs raisons spécieuses, mais on est revenu d'une idée dont les sages réflexions d'un spirituel écrivain ont si bien montré le vide et les inconvénients [1] :

« Les églises du moyen-âge, dit le judicieux auteur, ne » sont point faites pour être vues à découvert. Elles ne sont » convenablement placées qu'au milieu du silence et de la » retraite ; elles aiment à se voir entourées de demeures pai- » sibles qui semblent se presser à leur pied comme pour y » chercher une protection ; elles ont besoin surtout d'être » environnées de ces cloîtres muets et solitaires, destinés à » l'habitation des ministres et des serviteurs du temple, qui » en forment la garde, comme autrefois la tribu de Lévi à » Jérusalem. C'est seulement alors qu'elles conservent leur » caractère pieux, mystérieux et solennel, que le recueille- » ment, la méditation et les pensées graves se trouvent près » du sanctuaire ; mais on les cherche vainement, lorsque le » bruit des voitures, les cris des enfants, viennent couvrir

---

De Academia Suessonensi Juliani Hericurtii, pag. 49. Paris, à la bibliothèque royale.

[1] *Les Eglises Gothiques.* Paris, 1837.

Nous n'entendons parler que de la destruction des édifices qui étaient une dépendance des anciennes cathédrales, tels que les cloîtres, les péristiles, les porches ; et non des habitations particulières adossées aux églises, con- trairement aux canons et aux règles de l'architecture.

» la voix du prêtre ; lorsque des chants profanes se mêlent à
» ceux du chœur ou viennent troubler tout à coup l'homme
» qui prie ou le pénitent qui s'accuse dans le tribunal sa-
» cré... Nous ne craignons pas de le dire, c'est en dédai-
» gnant ces accessoires, si bien appréciés par nos pères,
» dans ces siècles pleins du sentiment religieux ; c'est en
» s'efforçant de placer les églises dans les mêmes conditions
» que les édifices destinés aux usages profanes, qu'on a fini
» par réduire les pratiques religieuses au niveau des affaires
» de goût, de mode et de commodité... Dès que l'église
» n'a plus été qu'un bâtiment accidentellement jeté sur la
» voie publique comme une salle de spectacle ou un bazar,
» on s'est dit naturellement : J'y entrerai en passant, comme
» on se dit : J'entrerai en passant au musée... » [1]

---

[1] L'auteur aurait pu ajouter à ces considérations morales, les motifs de conservation des édifices ; ainsi les peintures de Sainte-Cécile ont beaucoup souffert du nouvel état des choses.

Du reste, Sainte-Cécile, moins que toute autre église du moyen-âge, était faite pour être isolée, puisque dans le plan primitif, elle était entourée de tous côtés d'énormes constructions qu'on avait groupées à dessein autour de l'église pour lui donner l'aspect d'une sorte de forteresse.

X

RESTAURATIONS.

Respectons nos vieux monuments
comme notre histoire même... Main-
tenons ce qui s'est conservé, sans
lui faire perdre son air de vieillesse
qui le rend si vénérable....

LES ÉGLISES GOTHIQ., pag. 71 et 86.

S'il y a un vandalisme qui détruit, il en est un autre
qui répare et qui dégrade. Le second est souvent aussi
désastreux que le premier ; et depuis l'époque de nos malheurs publics, la manie des embellissements et des restaurations a été quelquefois plus funeste aux arts que le fanatisme révolutionnaire.

La cathédrale d'Albi, surtout à l'époque du rétablisse-
ment du culte, a subi, comme tous les autres monuments
du moyen-âge, l'influence du mauvais goût et de ses effets
destructeurs.

Les admirables peintures des chapelles ont déjà été dé-
gradées en plusieurs endroits par des mains inhabiles, on
a appliqué sur les murs des ornements et des tableaux qui
en couvrent souvent les plus curieuses parties. Par une
bizarrerie difficile à comprendre, plusieurs chapelles ont
reçu une destination qui n'est nullement en rapport avec
les sujets qui y sont représentés. C'est ainsi que celle de la
Sainte-Croix a été dédiée à saint Joseph ; on a apposé sur
une de ses plus belles fresques, un grand tableau à l'huile,
environné de boiseries qui la couvre en entier. Il en est
de même de la chapelle du Saint-Sépulcre, qui a été dédiée
aux Saints-Anges.

Par la substitution d'un dallage en marbre au parquet en
bois de chêne , dont la couleur sévère convenait si bien au
style de l'édifice, l'intérieur du chœur a perdu son caractère
primitif, et a subi cette métamorphose qu'une ostentation
mal dirigée a fait éprouver à un grand nombre d'édifices
que l'on a défigurés en prodiguant mal à propos les marbres
et les dorures.

Le grand escalier, qui conduit à l'église, vient d'être
refait dans des proportions qui le rendent difficile et dan-
gereux, tandis que l'ancien, qu'on aurait dû se borner à
rétablir sur le même plan, était, d'après l'expression d'un
ancien chroniqueur [1], *aussi doux que le repos même.*

Il n'a tenu à rien que le jubé n'ait été mutilé par des
ouvertures pratiquées dans la masse des arcs ogives qui
sépare la nef de l'intérieur du chœur. Des plans et des devis
avaient été dressés dans ce but. Heureusement le conseil
des bâtiments refusa de donner sa sanction à un projet

[1] *Description naïve de la cathédrale d'Albi.*

dont nous aurions à déplorer aujourd'hui l'exécution.
C'était à l'époque où un engouement peu réfléchi avait
jeté une véritable proscription contre les jubés des cathédrales, et s'efforçait de substituer à grands frais à ces
respectables antiquités, de prétendus embellissements,
que des motifs peu fondés faisaient regarder comme nécessaires. Les jubés d'Amiens, de Chartres, de Rouen et
un grand nombre d'autres monuments de ce genre, furent
sacrifiés à la manie et à la mode du jour [1]. Maintenant que
la direction des esprits est changée, et que le genre gothique est en honneur, on regrette ces magnifiques décorations que rien ne peut remplacer.

Félicitons-nous encore qu'on n'ait pas continué l'essai
du lavage fait, il y a quelques années, sur les peintures
de l'église. En donnant plus d'éclat à ces murs couverts de
la poussière des siècles, et plus de clarté à l'édifice, on l'eût
rajeuni comme le fard rajeunit la vieillesse et la rend ridicule ; on l'eût privé de cette teinte sombre et religieuse
que le temps seul peut donner, et qui convient si bien à
la majesté des temples [2].

Les hommes chargés de veiller à la conservation des
édifices, legs pieux des siècles passés, doivent s'attacher à
les restaurer avec une fidélité éclairée et scrupuleuse. Le
respect pour la vieillesse, dit un écrivain, était une des
vertus les plus recommandées dans l'antiquité ; cette vertu
n'est plus guère de mise par le temps qui court ; tâchons
que les monuments soient plus heureux que les hommes
qui ont trop vécu ; peut-être une chose réagira-t-elle ensuite sur l'autre, et la société n'y perdrait rien.

[1] *Les Eglises Gothiques*, pag. 145.
[2] On doit se borner à un simple époussetage fait avec beaucoup de pré-
caution.

Mais que doit-on faire pour que les restaurations soient utiles ?

On doit s'attacher à éviter tout changement qui tendrait à altérer la disposition primitive , afin de conserver à l'ensemble ce caractère homogène qui est un des principaux mérites des monuments anciens.

Il est important de ne confier les restaurations des peintures ou des sculptures qu'à des hommes d'une capacité bien avérée ; il vaudrait mieux laisser les parties mutilées dans l'état de dégradation où elles se trouvent , que de les voir défigurer , puisque leur perte , dans ce cas , est sans ressource [1].

Les restaurations doivent être conçues par masses , d'après un plan général. Ce serait le seul moyen possible de les faire exécuter par des artistes capables et habiles. Ce sont là , du reste , les vues de l'administration supérieure, qui a fait connaître , à cet égard , ses dispositions bienveillantes ; puissent-elles avoir un résultat ! Ce n'est pas seulement le sentiment religieux , c'est aussi le sentiment des arts , l'orgueil national qui doivent l'engager à la restauration de l'un des monuments historiques les plus remarquables de France.

Il resterait encore une chose importante à faire dans l'intérêt du monument ; ce serait d'empêcher , par une sur-

[1] Ces deux points ne sont au reste que le résumé et la conclusion des rapports adressés au Ministre des Cultes à diverses reprises. — Rapport de M. Romagnesi , sous la date du 29 février 1832 ; celui de M. Vitet , de 1834 : les notes de M. Mérimée , et enfin le rapport fait au conseil des bâtiments civils , par M. Gourlier , dans les séances des 6 mai et 18 août 1834.

veillance active , les mutilations dont il est l'objet , tant à
l'intérieur qu'à l'extérieur. Tous les jours , les murs des
chapelles sont dégradés par des inscriptions et des figures ,
quelquefois ridicules et souvent obscènes ; les têtes et les
bras des statues , les fleurons des chapiteaux sont mutilés
ou tronqués ; une administration sage doit s'attacher à
prévenir ces désordres. — Les arts et la morale y gagne-
raient également.

FIN DE LA NOTICE.

BIBLIOTHÈQUE ROYALE

BIOGRAPHIE.

BIOGRAPHIE

DES

ÉVÈQUES ET ARCHEVÈQUES

D'ALBI.

————o-0-0-o————

I

NOTIONS GÉNÉRALES SUR LE DIOCÈSE D'ALBI.

L'ancien diocèse d'Albi était borné par ceux de Toulouse, Lavaur, Vabre, Rodez, Cahors, Montauban et Castres. Ce dernier fit même partie de son territoire jusqu'à l'année 1317.

L'évêché, d'abord dépendant de Bourges, fut érigé en archevêché par le pape Innocent XI, en 1678 [1]. Pour former la nouvelle province ecclé-

---

[1] Bulle du pape Innocent XI, du cinquième jour des calendes d'octobre 1678, confirmée par lettres-patentes du roi, du 14 juin 1680; enregistrée au parlement de Toulouse le 28 novembre 1680. Rapportée dans la *Gallia Christ.*, pag. 2, *ad instrumenta.*

siastique , dont il devint la métropole , on détacha de Bourges les diocèses de Rodez , Mende , Vabre et Cahors , qui , avec celui de Castres , devinrent suffragants d'Albi ; l'archevêché de Bourges fut indemnisé de cette perte , par un prélèvement annuel de quinze mille livres sur la claverie de Cordes [1].

Quatre-vingt-quatorze évêques ou archevêques ont occupé le siège jusqu'à 1789. On compte dans ce nombre plusieurs cardinaux , parmi lesquels , deux de la maison de Lorraine , un de la maison d'Amboise , un Strozzi , le chancelier Duprat et Mgr. de Bernis.

Le diocèse était divisé en 22 districts , qui comprenaient 327 paroisses.

Le chapitre métropolitain se composait de vingt chanoines et de plusieurs dignitaires , de six hebdomadiers et de quarante-huit prébendés.

Les chanoines étaient , dans l'origine , religieux de l'ordre de Saint-Augustin ; ils furent sécularisés par le pape Boniface VIII , le 29 septembre 1297.

L'évêché d'Albi était un des plus riches du royaume [2] ; son revenu en dîmes et rentes foncières valait autant de fois dix mille livres que le *setier* de froment valait de livres , ce qui dépassait ordinairement cent mille [3]. Les droits de lods et ventes , le pontonage et plusieurs autres redevances doublaient au moins le revenu foncier.

Les évêques avaient de grandes possessions à Combefa , entre Carmaux et Monestiès , dont ils étaient seigneurs. Ces terres étaient entrées dans leur domaine à l'époque où l'autorité des comtes d'Albigeois passa entre leurs mains vers la fin du 13e siècle. Un magnifique château y fut construit ; des tours couronnées de créneaux , un large fossé creusé dans le roc , en formaient l'enceinte. L'intérieur était richement décoré , et la chapelle ornée de sculptures et de vitraux dans le style du quinzième siècle [4]. Le château de Combefa avait été en partie détruit à l'époque où le

---

[1] Concordat pour l'érection de l'archevêché d'Albi , du 7 mars 1675. Arrêt du conseil du roi , du 20 septembre 1678.

[2] Ejus urbis præsuli opimi proventus quanti nulli alii Galliæ episcopo. — Mariaua , *de rebus hispaniæ,* lib. XII, cap. I. — *Gallia Christ.,* tom. 1, pag. 1. — *Dictionnaire* d'Expilly.

[3] *Géographie* de dom Vaissete, tom. 8 , pag. 160.

[4] On voit encore dans la petite église dite de l'Hôpital-Saint-Jacques , à Monestiés , quelques restes de ces ornements gothiques échappés à la destruction.

gothique tomba en défaveur ; il n'offre plus qu'un monceau de ruines [1].

Le palais des anciens comtes d'Albigeois était autrefois, et est encore de nos jours, l'habitation des évêques. Sa construction originale, qui a plus de majesté que d'élégance, présente, au dehors, le caractère d'un palais électoral d'Allemagne.

Les évêques d'Albi avaient des droits et des attributions qui leur donnaient une grande autorité dans l'ordre civil. Présidents-nés des trois états, dits de l'assiette, membres des états-généraux de la province, ils étaient encore seigneurs de leur ville épiscopale [2] et de plusieurs lieux voisins.

Ils ont même joui pendant longtemps d'un véritable droit de souveraineté. De vieux documents constatent leur privilége de faire battre monnaie; et il existe à l'Hôtel-de-Ville une vieille permission donnée aux habitants, le 12 février 1236, par laquelle Durand, évêque d'Albi, permet aux consuls *d'imposer au sol la livre les deniers communs, outre les droits de pesseta qu'il prenait sur tous ceux qui se levaient et se couchaient dans la ville.*

L'évêque confirmait et ratifiait le choix des consuls, recevait leur serment, et leur donnait les clefs de la ville, que ceux-ci promettaient de lui rendre toutes les fois qu'ils en seraient requis. Tous les ans, au jour de Noël, les consuls allaient lui présenter *l'hommage* et le reconnaissaient, au nom de l'université, pour seigneur spirituel et temporel, *avec tous droits de justice, haute, moyenne et basse.* [3]

---

1 Il fut démoli en 1759, par l'ordre de Mgr. de Choiseul. Ce prélat n'aimait que l'architecture qui était en honneur à cette époque. Il voulait donner à cette demeure féodale un caractère moderne, lorsqu'une circonstance particulière lui fit prendre la résolution de la détruire. On raconte que l'évêque allant un jour à Combefa, une roue de sa voiture se rompit, et qu'il fut obligé de faire plus d'une lieue à pied; dès ce moment la ruine du château fut résolue et immédiatement exécutée.

2 A l'exception du faubourg du Castelviel, qui dépendit des vicomtes de Béziers jusqu'en 1210, époque à laquelle Raymond Trincavel le céda à Simon de Montfort, comte de Toulouse.

3 Ce jour-là, en vertu d'un ancien usage, qui devait avoir une signification que nous ignorons, l'évêque était tenu de donner aux consuls qui venaient lui rendre l'*hommage* une corbeille de dragées, et le lendemain il en jetait au peuple; comme aussi il devait inviter à sa table les consuls et les membres de son chapitre. La desserte appartenait de droit aux prébendés et au bas-chœur; ces droits s'appelaient *de fructu.* Le même jour, les consuls offraient à l'église cinquante livres de cire, d'après l'obligation qu'ils en avaient contractée envers Mgr. Arnauld Guillaume, en 1350. *Gallia Christ.*, tom. 1, pag. 27.

Ces privilèges leur étaient assurés par divers actes, notamment par le traité conclu entre les consuls et Mgr. Guillaume Pierre , sous la date du 14 avril 1220 [1] , et par la convention passée entre le roi saint Louis et Mgr. Bernard de Combret , le 10 décembre 1264 [2].

L'autorité des évêques fut toujours protectrice et tutélaire. Leurs richesses tournaient au profit des pauvres et à l'avantage de la ville qui leur doit la plupart des monuments qu'elle possède ; l'hospice , les promenades , les quais , les avenues sont leur ouvrage. Aussi ils étaient chéris des habitants , qui , dans toutes les circonstances , s'empressaient de manifester les sentiments dont ils étaient animés à leur égard. Rien ne peut donner une idée de ce qu'avait de solennel la première entrée de l'évêque dans sa ville épiscopale. C'était un élan qu'il est impossible de rendre ; des manifestations d'une joie franche et cordiale faisaient de ce jour une fête de famille [3]. Les archives de la ville donnent les détails de toutes ces solennités et de mille autres témoignages de l'affection des habitants d'Albi pour leurs prélats.

L'archevêché d'Albi , supprimé en 1801 , fut placé sous la dépendance de l'évêque de Montpellier. Le Concordat de 1817 l'a rétabli , et il comprend dans sa circonscription les diocèses de Castres et de Lavaur , qui , avec l'ancien diocèse d'Albi , forment le département du Tarn. Néanmoins le siége n'a été réellement occupé qu'en 1823. Il a pour suffragants Rodez , Mende , Cahors et Perpignan.

1 Livre des franchises et libertés des consuls et habitants d'Albi.
2 Gallia Christ. , tom. 1.
3 Voir dant la Gallia Christ. , tom. 1 , ad instrumenta , pag. 12 , c. 1 , ingressus in urbem Arnaldi Guillelmi , et la description de l'entrée de Mgr. de Ludo , que nous donnons en entier.

CHRONOLOGIE DES ÉVÊQUES ET ARCHEVÊQUES D'ALBI.

Le défaut de preuves solides sur l'époque de l'établissement du christia-nisme dans l'Albigeois , nous met hors d'état de donner une chronologie exacte des évêques qui ont siégé avant le cinquième siècle. Quelques habiles critiques prétendent que saint Firmin , disciple de saint Saturnin, évêque de Toulouse, fut un des premiers apôtres qui portèrent la lumière de la foi dans ce pays. Mais leur sentiment ne s'accorde pas avec les diptyques de l'église d'Albi, qui attribuent à saint Clair l'honneur de cet établissement. Cette dernière tradition a été admise par Catel et par la *Gallia Christiana*. Sans qu'on puisse la démontrer fausse , elle peut être contestée ; mais dans le doute que présentent les documents historiques, on doit adopter les légendes de l'église d'Albi , qui reconnaît saint Clair pour son premier évêque.

Les chroniques sont aussi très peu d'accord sur l'ordre de succession des évêques jusques vers le commencement du treizième siècle. Chacune d'elles présente une chronologie différente. Nous avons cru devoir adopter celle des estimables auteurs de la *Gallia Christiana* , qui a été admise par les pères Richard et Giraud , et par l'*Almanach du Languedoc* de 1752.

ÉVÊQUES.

SAINT CLAIR, d'après la légende 'de l'église d'Albi, était originaire d'Afrique. Son zèle apostolique l'amena à Rome, où il fut fait évêque et envoyé dans les Gaules, vers le milieu du troisième siècle, pour y porter la lumière de l'évangile. Après avoir converti à la foi les peuples de la Gaule Narbonnaise, le pays d'Albigeois devint le théâtre de ses prédications, qu'il confirmait par la sainteté de sa vie. Lorsque le christianisme fut affermi dans le cœur de ces nouveaux chrétiens, il alla chercher à Lectoure la couronne du martyre. Cet évêque eut en effet la tête tranchée dans cette ville, qui l'honore aussi comme son premier apôtre. Il est encore vénéré, à ce titre, à Auch, à Limoges, à Perpignan, et enfin à Bordeaux, où son corps · fut porté, après sa mort, dans l'église de Sainte-Eulalie. Une partie de ses reliques fut transférée à Albi, le 22 septembre 1700, sur la demande de Mgr. le Goux de Laberchère, qui leur consacra une chapelle dans son église [1].

ANTIME, disciple de Saint Clair, fut consacré par ce saint évêque pour consoler son église à l'époque de son départ et pour y maintenir la foi. On ignore le temps pendant lequel il gouverna son troupeau.

DIOGÉNIEN. — 409. — Grégoire de Tours le met au nombre des évêques qui honorèrent le plus l'épiscopat par leur doctrine ou par leurs vertus. L'église d'Albi l'honore du titre de saint, et célèbre sa fête le vingt-deux décembre.

---

[1] *Gallia Christ.*, tom. 1, pag. 3 et 42. — *Hist. gen. de Languedoc*, tom. 1, pag. 131. *Proprium sanct. ecclesiæ Albiensis.*

ANEMIUS ou POLIMIUS. — 451. — N'est connu que par la souscription qu'il apposa à la lettre sinodale que les évêques adressèrent au pape Léon-le-Grand , contre l'hérésie d'Euthichès [1].

A cette époque , le christianisme avait acquis un puissant empire sur les esprits , et plusieurs saints personnages honoraient l'église d'Albi par les plus éminentes vertus.

Eugène , évêque de Carthage , avait porté dans ce pays cet esprit de foi qui est la source des grandes actions. Ce saint confesseur, exilé par Hunneric, roi des Vandales, dans cette partie de l'Aquitaine, où les Goths Ariens avaient déjà pénétré , choisit la ville d'Albi pour sa demeure ; mais la renommée lui ayant appris la mort héroïque de saint Amarand [2] , il se retira à Vieux , bourg distant de trois lieues environ de cette ville , sur les bords de la Vère , y bâtit un monastère , et termina ses jours auprès du tombeau de ce martyr. [3]

Son exemple inspira l'amour de la solitude et du détachement. Les légendes font d'abord mention d'une jeune vierge , nommée Carissime , dont les vertus et l'abnégation vinrent édifier la société chrétienne. Elle était fille d'Aspasius, co-seigneur du Castel-Viel-les-Albi, et d'Hélène, femme distinguée par sa naissance [4]. Carissime fut élevée dans des sentiments chrétiens , et montra de bonne heure d'heureuses inclinations , que rehaussaient en elle les avantages de la nature. L'attrait de ses vertus la fit bientôt rechercher par les plus riches seigneurs. Les parents de la jeune vierge avaient fixé leurs vues sur le fils d'Hugolenus , autre co-seigneur du même château , afin de réunir , par ce mariage , les deux domaines dans la même famille. Mais Carissime refusait obstinément la main de l'époux qui lui était offert. Ses parents lui en ayant demandé la cause , elle déclara que dès l'âge le plus tendre , lorsqu'elle chantait l'hymne des vierges avec les jeunes filles

---

1 *Gallia Christ.* , tom. 1 , pag. 3. — *Hist. gén. de Lang.* , tom. 1 , pag. 131.

2 Saint Amarand , d'après les légendes , souffrit le martyre dans le pays d'Albigeois ; son corps fut enseveli à Vieux , et son tombeau fut longtemps ignoré. Il fut enfin découvert et devint célèbre par les miracles qui s'y opéraient tous les jours. Proprium sanct. — Grégoire de Tours , lib. mirac. , cap. 57.

3 Proprium sanct. , die VI septembris. — Grégoire de Tours , lib. 2 , hist.

4 Voir Baronius et la *vie de Sainte Carissime* , par Sulpice , archevêque de Bourges. — *Hist. gén. de Lang.* , tom. 1. — Proprium sanct. , die VII septembris.

de sa condition, elle avait fait à Dieu le vœu de sa virginité. Ceux-ci, irrités d'une si étrange révélation, se proposaient d'user de contrainte pour lui arracher un consentement qu'ils n'avaient pu obtenir par la persuasion et par la douceur. Effrayée de ces menaces, la jeune fille, dont le caractère était aussi fort que la vertu, quitta la maison paternelle, et fut à quelques milles de la ville d'Albi, dans une épaisse forêt. Carissime y vécut, pendant trois ans, ignorée de tout le monde, à l'exception de Sigismonde, sa nourrice, qui lui apportait chaque jour un pain d'orge pour sa nourriture. Elle serait restée dans cette solitude, si une circonstance ne l'eût forcée à la quitter.

Sigismonde revenant un jour de porter du pain à la sainte, trouva Thomase, sa fille, morte dans son lit. Hélène, mère de sainte Carissime, frappée de la mort subite de cet enfant, alla consoler sa mère. Celle-ci, dans un transport d'affliction, lui dit en la voyant : Si Carissime ne ressuscite ma fille, qu'elle meure de faim dans sa solitude ; car je ne l'assisterai plus. Ces mots furent pour Hélène un trait de lumière ; elle obtint de Sigismonde la révélation d'un mystère que sa famille cherchait à découvrir depuis si longtemps en vain ; elle se disposait à aller retrouver sa fille, lorsque Sigismonde l'avertit secrètement du danger qui la menaçait. Mais auparavant, celle-ci exigea de la sainte la promesse que Thomase serait rappelée à la vie. Carissime donna sa ceinture à cette mère désolée, en lui disant de la placer sur le corps de son enfant, qui ressuscita en effet. Cependant notre sainte songea à fuir des lieux qui n'étaient plus pour elle une retraite assurée ; elle alla sur les bords de la rivière du Tarn, et c'est là que, d'après une tradition populaire, un bateau s'avança vers elle, sans être conduit par personne. Carissime y monta avec confiance, et le bateau passa de lui-même à l'autre bord. La sainte s'informa du lieu où saint Eugène avait établi sa retraite, se rendit auprès de ce solitaire, lui demanda ses conseils, et vécut pendant sept années auprès de lui, s'édifiant mutuellement par l'exemple de leurs vertus. Elle mourut dans cette solitude le 7 septembre 487. L'église d'Albi honore Carissime d'un culte public, et l'on indique encore dans le lieu qu'elle avait choisi pour sa retraite, et qui porte son nom, les restes d'une chapelle que la piété de nos pères lui avait consacrée.

Tandis que Carissime honorait Dieu dans la solitude, une autre vierge

nommée Martianne , édifiait la ville d'Albi par des vertus qui lui méritèrent aussi le titre de sainte. Née à Albi , de parents distingués par le rang
dont ils jouissaient dans le monde , orpheline dès l'âge de seize ans , elle
fut confiée , par l'évêque Aménius , aux soins d'une femme vertueuse, nommée Tarsie. Martianne fit des progrès rapides dans la piété , et se consacra
à la vie religieuse. Dieu lui accorda le don des miracles. Elle fut ensevelie
dans l'église du monastère , qui , dans la suite, lui fut dédiée , et qui a été
détruite pendant la révolution [1].

Les reliques de sainte Martianne sont déposées dans l'église de Sainte-
Cécile , où celles de saint Eugène , de saint Amarand et de sainte Carissime
ont été transférées , par les soins de Louis d'Amboise , en 1494.

SABINUS. — 506.

AMBROSIUS. — 549.

SALVIUS ou **SAINT SALVI. — 580.** — Était né dans la ville d'Albi ,
d'une famille distinguée par ses vertus plus encore que par sa fortune.
Il exerça d'abord dans le monde une des premières charges de la magis-
trature de la province. Son amour pour la retraite le détermina à embrasser
l'état religieux ; il devint bientôt le modèle des frères , qui l'élurent pour
leur abbé. Salvi remplissait depuis peu de temps les fonctions de sa charge ,
lorsqu'il fut pris d'une fièvre violente, suivie d'une léthargie qui ressemblait
à la mort. On se disposait à faire ses funérailles , lorsqu'à la grande surprise de tous les religieux il revint à lui , et raconta à ses frères la mer-
veilleuse vision dont il venait de jouir [2]. La réputation de sainteté qu'il
avait acquise dans le monastère , se répandit bientôt au dehors , et un vœu
unanime vint le retirer de la solitude pour l'élever sur le siége épiscopal
d'Albi. Ce digne évêque sut ajouter à une piété touchante une charité sans
bornes.

Le Patrice Mommole avait ravagé le pays d'Albigéois , et emmenait
avec lui un grand nombre de prisonniers. Salvius l'apprend ; il se présente
au général ennemi ; ses prières , ses larmes , triomphent du farouche guer-
rier , et le saint évêque rentre à leur tête dans sa ville épiscopale , au milieu

---

1 Proprium sanct. eccles. Alb. — Hist. gén. de Lang. , tom. 1, pag. 240.
2 Grégoire de Tours , lib. 5 et 7 Hist. — Gallia Christ., pag. 4. — Proprium
sanct. , XXII septembris.

des bénédictions du peuple. Salvi savait joindre à cette charité généreuse
et active un caractère et une force d'âme peu communs, lorsqu'il s'agissait
de défendre la religion ou les droits de la justice. Il fit paraître son courage
dans le concile de Brennac, où le roi Chilpéric se permit d'attaquer le
dogme de la Trinité, et soutint avec tant de force la doctrine catholique,
que le prince fut forcé de céder à la puissance de sa parole. Plus tard, il
se présenta à la cour et défendit, avec la même énergie, l'innocence de
Grégoire de Tours, contre les imputations de la cruelle Frédégonde, qui
avait juré la perte de ce grand homme. Avant de sortir du palais du roi,
il prédit que la colère de Dieu s'appesantirait bientôt sur lui. L'évènement
ne se fit pas longtemps attendre ; et, dans vingt jours, Chilpéric vit périr
ses deux fils d'une mort violente. Lorsque, vers la fin de son épiscopat,
la peste porta ses ravages au milieu de son troupeau, Salvi fit éclater
son zèle et son ardente charité ; il visitait les malades, les consolait, leur
prodiguait tous les secours ; mais, au milieu de ses travaux, il fut lui-
même atteint de la contagion. Se sentant près de sa dernière heure, il fit
faire son cercueil, changea de vêtements, et se prépara par une ferveur
admirable à paraître devant Dieu. Il fut pleuré comme un père, et bientôt
honoré comme un bienheureux.

Le nom de ce saint évêque est en grande vénération dans la ville d'Albi,
où la piété de nos pères a élevé un monument en son honneur [1].

1 L'église de Saint-Salvi occupe l'emplacement d'un édifice religieux construit
dès les premiers siècles du christianisme, et dédié à Saint-Saturnin. Dans la
suite, saint Salvi ayant été inhumé dans ce lieu, on y construisit un nouveau
monument, qui prit le nom de ce saint évêque. D'après M. Du Mège, son architecture annonce qu'il a été construit au plus tôt vers le treizième siècle. Mais ce
savant observe, avec raison, que les chapelles placées au dos de l'église, semblent indiquer le style en honneur pendant les neuvième et dixième siècles, et
appartenir à une construction antérieure à celle du reste de l'édifice.

Les proportions de cette église sont très bien entendues, et la nef présente un
aspect majestueux. L'entrée principale était autrefois dans le bas, où les traces
d'un portail extérieur existent encore. Les statues du sanctuaire paraissent avoir
été sculptées par les mêmes artistes qui ont fait celles du chœur de Sainte-Cécile.
On voit dans une chapelle un très beau tableau de saint Jérôme, peint par Fredon,
artiste allemand, qui passa à Albi en 1675 et y laissa cet ouvrage.

L'église de Saint-Salvi était servie, dans l'origine, par des religieux de l'ordre de
Saint-Augustin, qui furent, plus tard, sécularisés par le pape Clément VII, le 25
mars 1523. Le cloître qui servait à ces religieux existe encore ; il offre un mé-

DÉSIDERATUS. — 586.

CONSTANTIUS. — 625. — Cet évêque assista , en 636 , au concile de Rheims [1] , se lia avec saint Didier, fils de Salvius [2] , originaire d'Albi , alors évêque de Cahors , qu'il vit dans cette assemblée , et mourut en l'année 647.

C'est sous l'épiscopat de Constantius , et vers l'année 647 , que fut fondé le monastère de *Castres* , origine de la ville qui porte ce nom. Trois jeunes officiers de l'armée de Sigebert III , roi d'Austrasie ; Robert , Anselin et Daniel , dégoûtés du monde , et jaloux de se consacrer au service de Dieu , choisirent pour leur retraite , un lieu solitaire , sur les bords inhabités de l'Agout , y bâtirent des cellules avec du gazon et des branches d'arbre ; et comme ils campaient, pour ainsi dire, de même qu'ils

langé des styles gothico-lombard et arabe, et parmi les curieux fragments d'une chapelle adossée au mur de l'église , dans l'intérieur de ce cloître , on aperçoit la date de 1251.

La tour carrée du clocher de Saint-Salvi paraît être d'une haute antiquité. Les savants ne sont pas d'accord sur l'époque de sa construction ; mais ils s'accordent tous à la considérer comme un morceau d'architecture très remarquable. Elle est ornée de pilastres , de colonnes, de chapiteaux , dont l'ensemble plaît aux connaisseurs. La tradition veut que cette tour , placée sur le point le plus élevé de la ville , ait servi de fanal aux voyageurs, lorsque le territoire était entièrement couvert d'épaisses forêts. Il est fâcheux qu'une partie de sa base soit masquée par des maisons , qui la cachent jusqu'à la hauteur de trente pieds environ. Cet emplacement, ainsi que celui qui entoure l'église, fut vendu pour la rançon de François premier , fait prisonnier à Pavie en 1525.

1 Frodoard, *hist. de Rheims*, liv. 2, chap. 5. — Antiques leçons de Canisius, tom. 5 , partie 3. — Catel, aux évêques d'Albi.

2 Salvius et Echanfrède, nobles habitants de la cité d'Albi, eurent trois enfants , qui joignirent à l'éclat de leur naissance celui d'une haute vertu. (Il est probable, d'après Adrien de Valois, que saint Salvi appartenait à cette famille. Ceux-ci, appelés à la cour par Clotaire II , s'y firent distinguer par leurs talents et par la pureté de leur vie. Rustique entra dans les ordres sacrés , devint archidiacre de Rodez , puis évêque de Cahors et intendant de la chapelle du roi, tandis que Siagrius fut fait comte d'Albigeois ; il épousa Bertholène, noble dame de cette ville , et fut appelé plus tard au duché de Marseille. Didier, le plus jeune des trois frères, exerça d'abord la charge de trésorier de la couronne , et remplaça plus tard son frère Rustique sur le siége de Cahors. Il y montra des vertus dignes de la primitive église , et mourut en 655. Ce digne évêque fut enseveli dans l'abbaye de Saint-Amans , près Cahors , où il est honoré d'un culte public.

Il laissa ses biens à son église, notamment l'abbaye de Gaillac, qui dépendit de l'abbaye de Saint-Quentin de Figeac, en Quercy, jusqu'au dixième siècle, époque où elle prit le nom de Saint-Michel. Cette abbaye a été l'origine de la ville de Gaillac. Voir *hist. gén. de Lang.* , et *Gallia Christ.* , tom. 1.

l'avaient fait autrefois au service du prince , le lieu de leur retraite fut appelé *Castrum* ou *Castra.* L'éclat de leurs vertus leur ayant attiré , dans la suite , des admirateurs et des disciples , ils formèrent une communauté , sous la règle de saint Benoît, et sous la conduite de Robert , l'un d'entre eux. Un habitant d'Albi , nommé Faustin , se joignit à ces pieux solitaires , consacra ses richesses à la construction de leur église , d'abord dédiée à saint Benoît , et connue plus tard sous la double invocation de saint Benoît et de saint Vincent , martyrs. Ce monastère grandit peu à peu , attira un grand concours , et autour de lui fut construite la ville , qui prit le nom primitif de l'Abbaye , érigée plus tard en évêché par le pape Jean XXII , en 1317 [1].

Les anciennes chroniques font remonter à cette époque l'incendie qui consuma la bibliothèque de l'église d'Albi et la plus grande partie de cette ville. Il est prétendu que Didon, successeur de Constantius, aurait ordonné au prêtre *Perpétuus* de transcrire une collection de canons et d'autres documents qui avaient été consumés, mais il ne paraît pas que Didon ait jamais été évêque d'Albi. [2]

RICHARD. — 673.

CITRUINUS. — 692.

AMARAND. — 700.

HUGUES. — 722.

JEAN. — 734.

VERDATUS. — 812.

GUILLAUME I. — 825.

BAUDOUIN. — 844.

PENDARIUS. — 854.

LUPUS. — 876.

ELIGIUS. — 886.

---

1 Les armes de la ville de Castres portent en chef l'écusson de France avec un cimier , une chausse-trappe, et cette devise : *Debout.* On dit que le cimier fut pris en mémoire d'une victoire gagnée par le secours des chausse-trappes , qui arrêtèrent la cavalerie. La devise *debout* signifie la disposition des habitants, toujours prêts à marcher pour le service du roi. — Voir l'*Armorial du Languedoc* de 1764.

2 *Hist. gén. de Lang.*, tome 1.

ADOLENUS. — 891.

GODOLERIC. — 917.

PATERNE. — 921.

ANGELVIN. — 936.

MIRON. — 941.

BERNARD. — 967.

Sous le pontificat des premiers évêques que nous venons de nommer, vécut une illustre veuve nommée Sigolène, que l'église d'Albi honore du nom de sainte [1]. Elle était issue d'une famille distinguée de ce pays. Babon, l'un de ses frères, fut comte d'Albigeois et Sigevelde devint évêque de Metz. Sigolène fut mariée dès l'âge de douze ans à un jeune seigneur nommé Gisulfe. Devenue veuve à vingt-deux ans, dans un âge où elle pouvait encore se rendre agréable dans le monde, elle se consacra à Dieu dans la solitude et chercha un asile sur les bords du Tarn, entre la ville de Gaillac et le château de la Grave, *Castellum de Grava*, où elle bâtit un monastère appelé *Troclar* [2]. Elle y mourut pleine de sainteté et de vertu. Les reliques de cette sainte sont déposées à Sainte-Cécile.

FROTERIUS ou FROTIER. — 972. — Etait natif d'Albi ; ses parents furent pendant longtemps co-seigneurs de la ville en même temps que l'évêque. Il consacra l'église abbatiale de Saint-Michel de Gaillac, fondée en 970 par Raymond III, comte de Rouergue, et la comtesse Garsinde, veuve de Raymond Pons, comte de Toulouse [3].

AMÉLIUS I. — 987. — Cet évêque transigea avec Pons, comte de Toulouse, sur les droits que celui-ci avait dans l'Albigeois. Le comté d'Albi avait été réuni à celui de Toulouse par le mariage de Pons II, comte de Toulouse, avec la fille du comte d'Albigeois ; et depuis cette époque, les comtes de Toulouse s'étaient qualifiés comtes d'Albigeois et y exercèrent la justice jusqu'au

---

[1] Proprium sanctorum, die 24 julii.

[2] Cette abbaye, longtemps florissante, n'existe plus depuis bien des siècles. On ignore même d'une manière exacte sa véritable situation. Mais son existence est constatée par les titres de l'abbaye de Marseille, à laquelle elle fut réunie par le pape Pascal II, au commencement du douzième siècle. *Hist. gén. de Lang.*, tom. 2, pag. 202.

[3] Catel, *Mémoires du Lang.* — *Annales* de la Faille. — *Gallia Christ.*, tom. 1, pag. 8. — *Hist. gén. de Lang.*, tom. 2, page 102.

moment où elle passa aux évêques par la transaction dont il est ici question [1].

INGELBIN. — 990.

HONORAT. — 992.

AMBLARD. — 998.

AMÉLIUS II ou ÆMILIUS. — 1028. — Assista au concile de Bourges en l'année 1031, et à celui de Limoges à la même époque environ. Ce dernier avait pour objet de flétrir la simonie qui désolait l'église. L'abus était devenu si criant que les grands seigneurs s'emparaient des évêchés, les réduisaient en fiefs, en faisaient la dot de leurs femmes ou les vendaient à prix d'argent. Ainsi, l'évêché d'Albi venait d'être vendu à un gentilhomme du pays moyennant cinq mille sols en faveur de Pons, comte de Toulouse et d'Albi, et de pareille somme pour les héritiers du vicomte Othon, à condition que ceux-ci feraient achever le pont d'Albi sur le Tarn, que leur père venait de faire construire presque en entier [2].

GUILLAUME II. — 1056.

FROTARDUS. — 1066.

GUILLAUME III, dit le *Poitevin*. — 1087.

GALTERUS ou GALTIER. — 1096. — Cet évêque, assista à la dédicace de l'église de Saint-Saturnin de Toulouse, faite par le pape Urbain II en 1096 [3].

A cette époque remonte l'origine de la ville de Lavaur, qui fait aujourd'hui partie du diocèse d'Albi. Izarn, évêque de Toulouse, était de la maison des anciens seigneurs de Lavaur. En 1098, cet évêque et ses parents donnèrent aux religieux de Saint-Pons de Thomières une église, en partie détruite, appelée Saint-Alain, située auprès de la rivière de l'Agout et du château de Lavaur, à la charge de la faire rebâtir et d'y construire un village (villa), ce que ceux-ci exécutèrent. Plus tard, l'abbaye de Saint-Pons établit dans cette nouvelle église un prieuré conventuel, qui fut érigé d'abord en chapitre séculier, et puis en évêché par le pape Jean XXII [4].

---

1 La Faille. — *Hist. du pays d'Albigeois*, pag. 318. — *Hist. gén. de Lang.*, t. 2, pag. 120.

2 Massol, pag. 322. — Catel, *Mém. du Lang.* — *Gallia Christ.*, tom. 1. pag. 9, *ibidem* ad instrumenta *Charta de constructione Pontis Albiensis.* C. 6, pag. 4, Col 1. — *Hist. gén. de Lang.*, tom. 2, pag. 165 et 180.

3 *Hist. gén. de Lang.*, tom. 2, pag. 292. — *Gallia Christ.*, tom. 1, pag. 12.

4 Catel pag. 321. — *Hist. gén. de Lang.*, tom. 2, pag. 227.

HUGUES II. — 1099.

ADELGARIUS I. — 1103.

ARNAULD I de CECENNO. — 1103.

ADELGARIUS II. — 1109.

SICARD. — 1115.

BERTRAND. — 1115.

HUMBERT I. — 1125.

GUILLAUME IV. — 1128.

HUGUES III. — 1135.

RIGALDUS ou RIGAUD — 1144.

GUILLAUME V. — 1157. — ou *Guillem Petri* , originaire d'Albi.

GERALD ou GIRALD. — 1176. — C'est sous son pontificat que fut as-
semblé dans la petite ville de Lombers , à deux lieues sud de la ville d'Albi ,
le fameux concile qui condamna l'hérésie des Albigeois, en 1176 [1]. Les
membres qui le composaient, respectivement nommés et convenus par les
parties, étaient Pierre , archevêque de Narbonne , Gosselin , évêque de Toulouse , les évêques d'Agde et de Nîmes , et Gerald , évêque d'Albi , qui y
présidait ; il y avait en outre Roger, abbé de Castres, Arnaud de Narbonne ,
Pierre d'Ardorel ; les abbés de Saint-Pons, de Saint-Guillem , de Gaillac
et de Candeil ; les prévôts d'Albi , de Toulouse , de Narbonne et le prieur de
Sainte-Marie-de-la-Daurade. Le concile fut tenu en présence de la reine
Constance , comtesse de Toulouse , de Raymond Trincavel et de Sicard ,
vicomte de Lautrec. Olivier , chef de l'hérésie, parut devant l'assemblée , et
y ayant soutenu ses erreurs, fut condamné ainsi que ses adhérents. C'est depuis leur condamnation, prononcée sur le territoire d'Albi, que ces hérétiques
furent appelés *Albigeois.* Cette hérésie était dans l'origine l'ouvrage d'un
novateur appelé *Valdo ,* de Lyon , dont les sectateurs sont nommés dans

---

1 Catel, *Mém. du Lang.* , pag. 305, et les auteurs de la *Gallia Christ.* rap-
portent la date de ce concile à l'année 1176, sous Girald , évêque d'Albi , tandis
que d'autres écrivains, dont l'autorité est aussi d'un grand poids , le placent en
1165, sous Guillaume , évêque d'Albi. Voir l'*hist. gén. de Lang.* , tôm. 3, pag. 4,
et la note 1 du liv. XIX du même ouvrage. Voir aussi Fleuri , *hist. ecclésiastique,*
liv. 62 , n. 61.

l'histoire du nom de *Vaudois* , plus tard *Henriciens* et *bons hommes* jusqu'au moment où ils furent condamnés dans le concile de Lombers [1].

CLAUDE D'ANDRIE. — 1183.

GUILLAUME VI PETRI. — 1185. — Cet évêque a siégé de 1185 jusqu'en l'année 1227 , ce qui comprend un espace de 42 ans ; il se démit de
son évêché et mourut en 1230.

DURAND. — 1227. — Cet évêque traita avec Raymond, comte de Toulouse, sur la monnaie d'Albi, en 1236 [2].

En 1241 , le même Raymond reconnut tenir en fief de ce prélat le château
de *Castelnau de Bonafous*, en Albigeois , que Sicard d'Alaman tenait en
fief de lui-même [3].

BERNARD II de COMBRETTO. — 1254.

BERNARD III de CASTANET. — 1275. — Natif de Montpellier et auditeur de rote, devint évêque d'Albi en 1275. Ce prélat fut à peine monté sur
ce siège, qu'il y fit paraître les rares qualités de son esprit et l'élévation de son
caractère. C'est à lui que l'on doit la construction de l'église de Sainte-Cécile,
dont il posa la première pierre le 15 août 1282 [4], et, comme si cette grande
entreprise n'eût pas suffi à son activité, il fonda en même temps dans sa ville

1 C'est à ce concile tenu à Lombers que la ville de Réalmont dut son origine.
Guillaume de Cohardon , sénéchal de Carcassonne , fit construire cette ville
dans le domaine du roi , près du château de Lombers , en l'année 1260 , pour
l'exaltation de la foi catholique, pour l'extirpation entière, au moyen de cette
peuplade , des repaires d'hérétiques et de leurs fauteurs, qui s'étaient retirés
dans les forêts des environs, et le 12 mars 1272, il donna aux nouveaux habitants
de Réalmont les coutumes , qui étaient en usage à Carcassonne. Voir *hist. gén.
de Lang.* , tom. 4 , pag. 17.

2 Catel , *Mém. du Lang.* — *Hist. gén. de Lang.* , tom. 3 , pag. 393. — *Gallia
Christ.*, tom. 1 , pag. 17.

3 C'est au même Sicard d'Alaman que le château de Castelnau-de-Bonafous
doit son origine. Ce n'était auparavant qu'un lieu désert et inhabité, appelé *le pré
de Bonafoucens*, que le comte Raymond inféoda à ce seigneur sous l'Albergue de
cent chevaliers et le service militaire de deux chevaliers et de trois sergents,
à condition qu'il y construirait un château ou une ville. Ce château fut destiné,
quelques années après, par Raymond, à la fabrique des *Raymondins d'Albi*,
monnaie qui devait avoir cours dans l'Albigeois, le Rouergue et le Querci. On
l'appela dans la suite *Castelnau-de-Lévi* , parce qu'il passa dans une branche
de la maison de Lévi. C'est une des Baronnies qui donnaient entrée aux états du
Languedoc. Voir l'*hist. gén. de Lang.* , tom. 3 , pag. 424.

4 *Gallia Christ.*, tom. 1 , pag. 19 et 20.

épiscopale trois établissements religieux ; celui des Carmes, celui des Dominicains et celui des Cordeliers.

C'est au milieu de ces travaux que Bernard fut chargé par Philippe-le-Bel de se rendre à Rome, pour y négocier avec le pape Boniface VIII, l'affaire de la canonisation du roi Louis IX. Le prélat mit dans cette négociation une habileté et une prudence qui le firent admirer de la cour de Rome, et profita de la faveur qu'il s'y était acquise pour obtenir du souverain pontife la sécularisation de son chapitre.

Le premier objet de ses soins, à son retour, fut de régler les suites de cette sécularisation en séparant la mense capitulaire des biens qui devaient lui appartenir en propre.

Il obtint pour lui et pour ses successeurs le palais des anciens comtes d'Albi, qu'on appela dans la suite *la Besbia*, dénomination qui dans le langage du pays voulait dire *palais de l'évêque*. Il se réserva en outre les châteaux de Combefa, de Villeneuve et autres grandes possessions féodales qui restèrent pour toujours unies à l'évêché.

Les évêques, depuis saint Clair jusqu'à Bernard de Castanet, portaient pour armes une simple croix d'or pommelée. Les chanoines avaient aussi les mêmes armes, parce que, selon la croyance commune, le premier évêque d'Albi avait dédié son église à la Sainte-Croix. Cette croix, qui était *à pendants*, parce qu'on y suspendait des diamants et des pierres précieuses, forme encore les armes du chapitre de Sainte-Cécile.

Bernard, après la sécularisation de son chapitre, prit en son particulier les armes de sa maison, qui consistaient en une tour d'argent. Il permit aux consuls de prendre son écusson et voulut qu'il fût surmonté d'un lion d'or marchant sur les créneaux, avec un soleil et une lune d'argent en champ de gueules. Dans les armoiries de la ville d'Albi, adoptées par l'armorial des états du Languedoc, le 6 mars 1764, on ajouta cette devise :

Stat Baculus vigilatque leo turresque tuetur.

Bernard de Castanet aimait les sciences et les arts. Il favorisa les troubadours qu'il croyait propres à adoucir les mœurs et à calmer les passions, les encouragea par ses discours et par ses libéralités. Excité par cet homme de génie, l'Albigeois eut ses poètes et ses docteurs de la gaie science [1]. On sait que, même

[1] *Hist. du pays d'Albigeois*, p. 357. — *Hist. gén. de Lang.*, t. 3, p. 92 et suiv.

avant cette époque, Albert Cailla [1], Guilhem Huc, Aymar ou Azémar le Négré, natif du Castelviel-les-Albi [2], d'Hautpoul et Hugues de Lescure faisaient les délices des châteaux où régnaient la gaîté et l'abondance. La dame du castel était toujours l'objet de leurs chants. Ils eurent surtout pour protectrice, au milieu de leur succès, une femme d'un rare mérite ; c'était Adélaïde de Toulouse, mère de ce Roger, vicomte d'Albi, qui fut plus tard dépouillé de son héritage par Simon de Montfort. Née au château de Burlats, près Castres, en 1164, elle aimait cette demeure, d'où elle répandait ses libéralités sur tous les jongleurs albigeois. Aussi n'était-elle célébrée par eux que sous le nom de *comtesse de Burlats,* qu'elle préférait à tous les autres [3].

BERTRAND II DE BORDIS. — 1308. — Fut fait cardinal par le pape Clément V, et mourut en l'année 1310.

GERALD II. — 1310.

BERALD DE FARGIS. — 1314. — Était de la maison de Raymond de Fargis, et neveu du pape Clément V.

Il fit bâtir une chapelle en l'honneur de la Sainte-Vierge, la munit de riches ornements, et en confia les soins à un prieur chargé d'y maintenir un culte perpétuel. Ce prieuré, appelé *Fargues,* du nom de son fondateur [4], passa successivement à plusieurs illustres personnages, jusqu'au cardinal Louis d'Amboise, qui en changea l'institution pour y établir les religieuses de l'Annonciade. Il fut constamment l'objet de l'attention et des libéralités des évêques qui succédèrent à Berald de Fargis. Jean de Saya fit donation à cette chapelle d'une grande statue de la Vierge assise sur une chaise et tenant le Sauveur entre ses bras. Elle était d'argent fin du poids de douze marcs, et

1 *Albert Cailla* ne sortit jamais de son pays, où il était fort aimé. On trouve un Syrventes de sa façon dans l'un des manuscrits de la bibliothèque royale. Voir *hist. gén. de Lang.*, tom. 3, pag. 98.

2 Aymar le Négré fut fort civil et beau parleur. L'on trouve quatre de ses chansons dans le manuscrit de la bibliothèque du roi. Voir *hist. gén. de Lang.*, tom. 3, p. 328.

3 Il existe, à la bibliothèque royale, deux manuscrits d'Arnauld de Marviell, poète provençal, dans lesquels on voit deux ouvrages de ce poète écrits en l'honneur de la comtesse de Burlats, savoir : *la França capteneuza* et *Anus vous.* La première de ces pièces est rapportée dans la *Biographie Castraise*, de M. Nayral. Voir aussi *Hist. gén. de Lang.*, tom. 3, pag. 92.

4 *Gallia Christ.*, tom. 1. pag. 25.

placée au-dessus de l'autel dans une niche grillée de fer, fermée à deux clefs, dont les consuls gardaient l'une, et l'autre était confiée au prieur. Cette image de Notre-Dame devint, dans la suite, l'objet d'une grande vénération. Elle était portée en procession, par quatre chanoines de la cathédrale, dans les calamités publiques. Un acte public de sa sortie était dressé entre les consuls et le prieur, et plus tard entre les premiers et l'abbesse du couvent.

PIERRE I DE LA VOIE ou DE VIA. — 1334. — Était neveu du cardinal Armand de Via, et petit-neveu du pape Jean XXII.

BERNARD III DE CAMIATO ou DE CAYNAC. — 1337. — Ce prélat mourut en 1337, et fut enseveli dans le chœur de sa cathédrale [1].

GUILLAUME VII DE CURTI. — 1337. — Neveu du pape Benoît XII, Fut d'abord évêque de Nismes, puis d'Albi. Cardinal en 1338, il mourut à Avignon le 11 juin 1361.

POITEVIN ou POTIER DE MONTESQUIOU. — 1338. — Était de l'illustre maison de Montesquiou en Gascogne. Il fut nommé cardinal le 7 mars 1350, et mourut à Avignon en 1355.

ARNAULD GUILLELMI. — 1351.

HUGUES IV D'ALBERT. — 1355.

DOMINIQUE DE FLORENCE. — 1379. — Était religieux de l'ordre de Saint-Dominique lorsqu'il fut élevé sur le siége d'Albi en 1379. Il fut transféré à l'évêché de Saint-Pons de Tomières en 1382, redevint évêque d'Albi en 1397 et passa de ce siége à celui de Toulouse. Il fit construire le portail qui est au bas du grand escalier de Sainte-Cécile.

JEAN II DE SAYA. — 1382. — Ce prélat fit don au prieuré de Fargues de la statue de la vierge dont nous avons parlé.

GUILLAUME VIII DE LA VOULTE. — 1383. — Cet évêque fit faire la dernière arcade de la voûte de Sainte-Cécile, et éleva les fondements du clocher jusqu'à la hauteur de la toiture; on lui attribue encore la fondation de l'hôpital de Saint-André de Gaillac [2].

1 *Gallia Christ.*, pag. 26.
2 Cet hôpital avait été détruit en 1381, par l'ordre des consuls de la ville de Gaillac, dans la crainte que les Anglais qui l'avaient pris une première fois, ne s'en emparassent de nouveau. Comme les consuls avaient fait cette démolition sans la permission du pape, ils furent excommuniés, et leur excommunication ne fut levée qu'en 1393. Voir l'*Hist. gén. de Lang.*, tom. 4, pag. 387.

PIERRE II. — 1386.

DOMINIQUE DE FLORENCE. — 1397. — Redevint évêque d'Albi, et fut transféré à Toulouse peu de temps après.

PIERRE III neveu. — 1410. — Après avoir été évêque de Béziers et de Lavaur, succéda à Dominique de Florence. Il fut chargé par le pape Jean XXII de plusieurs négociations, et mourut en 1434 [1].

BERNARD DE CASSILLAC. — 1435. — Prévôt d'Albi, fut élu par le chapitre pour remplacer Pierre neveu. Le concile de Bâle, qui se tenait alors, confirma cette élection le 19 décembre 1435. En même temps, Robert Dauphin, évêque de Chartres, obtint d'Eugène IV, à la prière de Charles VII, duc de Bourbon, des provisions du même évêché. Le concile ayant désapprouvé cette nomination, ordonna que Bernard serait sacré à Bâle même, le 12 février 1435, par les évêques de Lectoure et de Lausanne. Robert ne se crut pas exclu pour cela; il fit assiéger par ses soldats, que commandait le sénéchal de Carcassonne, le château de Montirat, le prit en 1437, et établit des consuls dans la ville; la discussion dura quelques années, et les deux concurrents remplissaient tour à tour les fonctions épiscopales. Bernard prit une seconde fois possession, et célébra une messe solennelle dans son église, le 1er novembre 1455. Cependant Robert persistait toujours dans ses prétentions; enfin, la cause fut portée au parlement, qui, par arrêt du 1er avril 1460, maintint Bernard dans son siége. Ce prélat mourut le 2 novembre 1462, et fut inhumé dans le chœur de sa cathédrale, devant le grand autel [2].

ROBERT DAUPHIN. — 1462. — [3]. Dont nous venons de parler, était fils de Berald II, surnommé le Grand Dauphin d'Auvergne, comte de Clermont, et de Marguerite de Sancerre. Il fut élevé dans la vie monastique et nommé évêque de Chartres. Transféré à Albi, il ne put occuper ce siége qu'après la mort de Bernard, et mourut la même année. Les chroniques lui

1 Joannis papæ XXII, littera ad Petrum episcopum Albiensem, *Gallia Christ*, tom. 1, pag. 30.

2 Voir dans l'*Hist. gén. de Lang.*, tom. 4, pag. 485, la narration intéressante de ces longs débats. — *Gallia Christ.*, tom. 1, pag. 31.

3 D'après l'*Hist. gén. de Lang.*, tom. 4, pag. 487, Robert Dauphin n'aurait pas siégé après Bernard, mais les anciennes chroniques, conformes à l'autorité de la *Gallia Christ.*, tom. 1, pag. 32, contrarient cette assertion.

donnent le titre de cardinal, sans que rien constate qu'il ait été revêtu de cette dignité. Il fut inhumé dans l'église des Frères Mineurs de Brives.

JEAN III JOFFROI. — 1463. — Nâquit à Luxeuil, dans les Vosges, en 1412. Il fit ses premières études à Dôle, et fréquenta ensuite les Universités de Cologne et de Pavie, où il s'appliqua à la jurisprudence avec autant d'ardeur que de succès. Après avoir terminé ses cours, il revint à Luxeuil, et y embrassa la vie religieuse, dans la célèbre abbaye fondée par saint Colomban. De retour à Pavie, il enseigna pendant trois années, à la prière du duc de Milan, la théologie et le droit canon. Le jeune professeur remplit cette chaire avec éclat, et fut invité par le pape Eugène **IV** à assister au concile de Ferrare. Il porta plusieurs fois la parole devant cette illustre assemblée, et céda au désir des pères du concile en ouvrant un cours de théologie dans une des salles du palais du gouverneur. Il fut aussi adjoint aux prélats chargés de travailler à la réunion de l'église grecque, et montra dans cette circonstance beaucoup de zèle et de talent. Peu de temps après, et en 1441, les religieux de Luxeuil le députèrent au duc Philippe-le-Bon pour lui demander la conservation des priviléges de l'abbaye ; la réputation de Joffroi l'avait précédé à la cour de Philippe. Le prince ne tarda pas à l'honorer de sa confiance, en fit un de ses conseillers intimes, et l'envoya successivement, avec la qualité d'ambassadeur, en Espagne, en Portugal et en Italie. Joffroi eut le bonheur de terminer toutes les négociations dont il fut chargé, de manière à justifier le choix du prince, qui le récompensa de ses services par le titre d'abbé de Luxeuil et par l'évêché d'Arras. Le nouvel évêque vit Louis XI réfugié à la cour de Flandres, et conquit bientôt les faveurs du monarque. Le pape se servit de son influence pour amener le roi de France à abolir l'ordonnance de 1438, appelée la *pragmatique sanction*. Joffroi y réussit. Il reçut en récompense le chapeau de cardinal en 1461, et fut nommé à l'évêché d'Albi en l'année 1463. Mais les grandes affaires dont il fut chargé ne lui permirent pas de résider longtemps dans son diocèse. Joffroi était aumônier du roi, et joignait aux autres bénéfices qu'il possédait celui d'abbé de Saint-Denis en France. Ses fonctions, qui le retenaient à la cour, et la confiance dont il jouissait, lui méritèrent de hautes missions. En 1469, il fut envoyé en Espagne afin de demander au roi de Castille la main de sa sœur Isabelle pour le duc de Guienne. Isabelle n'ayant pas consenti à ce mariage, Joffroi revint l'année suivante à Madrid, où il conclut le mariage de ce prince avec Jeanne, fille du roi ; le cardinal fut ensuite chargé de réduire le comte d'Armagnac , et , après avoir installé le parlement de Bordeaux , il fut envoyé à Rome, en 1470 , pour régler avec le souverain pontife diverses affaires relatives au clergé de France, et en rapporta les reliques de sainte Cécile [1]. Il mourut au prieuré de Rully le 24 novembre 1473, et son corps fut porté dans sa cathé- drale [2], suivant le désir qu'il en avait manifesté. Il légua la plus grande partie de ses biens au chapitre d'Albi , et sa bibliothèque avec quelques meubles précieux à l'abbaye de Saint-Denis. Joffroi avait du talent pour les affaires, de l'adresse , de la fermeté , et une instruction remarquable pour le temps où il vivait. C'est sans contredit un des prélats qui honorent le plus le siége d'Albi.

LOUIS D'AMBOISE. — 1473. — Frère du cardinal George d'Amboise, fut appelé à l'évêché d'Albi en 1473. Son caractère et la sagesse de sa con- duite lui méritèrent le nom de *Prud'homme*. Il montra dans l'administra- tion de son diocèse du zèle, de grandes vues , et un esprit créateur. C'est à cet évêque que l'on doit le chœur de Sainte-Cécile , et le portique en pierre qui est au devant de la porte principale , ainsi que la construction du clocher, qui ne s'élevait encore qu'à la hauteur de la toiture. Il fit la consécration de cette église le 23 avril 1480 [3].

Ce prélat fit bâtir en outre la chapelle de Combefa , qu'il orna de vitraux et de statues dans le genre de celles dont il avait décoré sa cathédrale [4].

En l'année 1498 , Louis d'Amboise fut appelé à remplir une grande mis- sion. Sa réputation de science et de vertu était parvenue jusqu'à Rome , et le pape Alexandre VI le nomma commissaire, conjointement avec Ferdi- nand , évêque de Ceuta , portugais, et le cardinal Philippe de Luxembourg, évêque du Mans, pour examiner la validité du mariage du roi Louis XII avec Jeanne de Valois. Ces prélats s'assemblèrent à Tours ; mais à raison de la peste qui ravageait ce pays, ils se rendirent à Amboise. Les évêques, ayant ouï le roi et la reine, prononcèrent la nullité du mariage.

Le volume qui contient les actes de la dissolution de ce mariage est dé- posé à la bibliothèque d'Albi. Il est d'un grand intérêt comme monument his-

---

1 *Gallia Christ.*, tom. 1, pag. 33.
2 Dans la chapelle de la Sainte-Croix , aujourd'hui de Saint-Joseph.
3 *Gallia Christ.*, tom. 1, pag. 33.
4 Ces statues ont été transportées dans la chapelle Saint-Jacques de Monestiés; on y voit aussi le pavé en mosaïque sur lequel sont semées les armes de ce prélat.

torique, quoiqu'il n'offre que des copies collationnées sur les originaux par les notaires présents à cette fameuse procédure. Ce recueil avait été voué aux flammes pendant la révolution, avec ceux que renfermaient les archives du chapitre. On le portait avec beaucoup d'autres vers le bûcher dressé sur la place publique; mais, dans la marche, il tomba du charriot où on l'avait placé, et fut ainsi sauvé de la destruction.

Ce prélat mourut à Lyon en l'année 1502. Ses entrailles furent placées dans le couvent des Pères Cordeliers de cette ville, et son corps fut porté à Albi et déposé derrière l'autel de la chapelle de Sainte-Marie-Majeure.

LOUIS D'AMBOISE II. — 1503. — Etait neveu du précédent. Il appela des peintres de Rome et fit exécuter toute la partie des peintures de la voûte de Sainte-Cécile qui sont au-dessus du chœur. En 1506, il fut nommé cardinal par le pape Jules II. Appelé à Rome en 1510, il mourut à Ancône, en Italie. Son cœur fut porté à Albi et renfermé dans le tombeau de son oncle [1], tandis que son corps fut déposé à Notre-Dame de Lorette, dans un magnifique mausolée, sur lequel on lit l'inscription suivante :

« *Ludovico cardinali Ambosiano gallo Albiensi episcopo, præter gene-*
» *ris nobilitatem singularis pietatis viro ac omnium virtutum complexo*
» *Georgius cardinalis arminiacus affinis, in tumulo Jacenti post*
» *sextum et trigesimum ab ejus obitu annum pro tempore posuit* 1553
» *calendis octob.* »

CHARLES DE ROBERTET. — 1510. — Fils de Claude, frère de Florimond, baron d'Allui et de Brou, secrétaire des commandements du roi, était archidiacre d'Orléans et prieur commandataire de Saint-Pierre-de-la-Règle, ordre de Saint-Benoît, sur la Garonne; il fut élu par le chapitre d'Albi, et prit possession de l'évêché au mois de décembre 1510. Cet évêque fit achever les peintures de la voûte de Sainte-Cécile. Il mourut le 9 août 1515, et fut inhumé devant la porte latérale du chœur de Sainte-Cécile.

JACQUES DE ROBERTET. — 1515. — Frère de Charles, devint évêque par la résignation de son frère, et mourut à Paris en 1519. Jean Chenu rapporte l'épitaphe suivante, qui fut placée sur son tombeau :

[1] *Gallia Christ.,* pag. 35.

« *Ista Roberteti cineres tegit urna Jacobi ;*
» *Quem vigilem experta est Albia pontificem ;*
» *Corporis et animi prœclaris dotibus auctum ,*
» *Ante suum rapuit sors truculenta diem.*

ADRIEN DE GOUFFIER dit DE BOISSI. — **1519.** — Était fils de
Guillaume de Gouffier et de Philippine de Montmorenci ; il était grand-
aumônier de France et cardinal , lorsqu'il fut nommé évêque de Coutances.
Il fut transféré à Albi en 1519. Ce prélat mourut en 1523 , dans le château
de Villendren , en Touraine , et fut inhumé dans son abbaye de Bourgdeuil.

AIMAR DE GOUFFIER. — **1524.** — Cet évêque , frère du précédent ,
n'occupa le siége que cinq années , et mourut en 1528. On voit à Saint-
Denis l'épitaphe d'un sieur Pierre de Gouffier , où il est dit que ce Pierre
de Gouffier avait pour frères, Arthur , seigneur de Boissi , grand-maître des
finances ; Hadrien , cardinal et légat en France ; Guillaume , amiral de
France , et Aimar , évêque d'Albi.

ANTOINE DUPRAT. — **1528.** — Était fils d'Antoine Duprat , seigneur de Veyrières , d'une ancienne famille d'Auvergne. Il parut d'abord
avec distinction entre les avocats du parlement de Paris , et fut fait lieu-
tenant-général au baillage de Montferrand , puis avocat-général au parlement de Toulouse , et maître des requêtes de l'hôtel du roi Louis XII.
Il présida , en cette qualité , aux états de Languedoc , devint premier
président au parlement de Paris en 1507 ; enfin , chancelier de France
le 15 janvier 1515. Les historiens lui donnent de grands talents et
beaucoup de capacité pour les affaires. C'est lui qui persuada à François
premier de rendre vénales les charges de judicature , et de créer de nouveaux impôts , sans attendre l'octroi des états du royaume ; ce qui mit
la discorde entre le conseil et le parlement. Il engagea aussi le même
monarque à abolir la pragmatique sanction , dans la conférence que ce
prince eut à Bologne avec le pape Léon X , le 19 décembre 1515. Les
mécontentements qu'occasionnèrent les actes de son ministère lui donnèrent
des regrets , et , plus tard , étant devenu veuf , il se jeta tout entier
dans les bras de la religion , et embrassa l'état ecclésiastique. Ses talents
et sa position le portèrent bientôt aux plus hautes dignités de l'église.
Il devint successivement évêque de Meaux , de Valence , de Gap , de Die ,
et enfin d'Albi ; mais il resta peu d'années dans ce dernier siége , fut

nommé cardinal et archevêque de Sens. La mort le surprit dans son château de Nantouillet, le 9 juillet 1535, et son corps fut porté dans la cathédrale de Sens. Le chancelier Duprat fut l'un des plus grand spolitiques du seizième siècle ; il eut beaucoup de part aux affaires civiles et ecclésiastiques de son temps, et fut légat *à latere* en France. Les grands événements du règne de François premier, qui se passèrent sous son ministère, ont donné lieu au proverbe : *Il a autant d'affaires que le légat.* Le cardinal Duprat avait une âme charitable et compatissante ; il faisait beaucoup de bien aux pauvres, et l'année même de sa mort il accrut l'Hôtel-Dieu de Paris d'un corps-de-logis tout entier, qui a été connu sous le nom de Salle du Légat, jusqu'à l'incendie de l'Hôtel-Dieu en 1772. [1]

JEAN DE LORRAINE. — 1536. — Fils de René II, duc de Lorraine, et de Philippine de Gueldres, fut élevé à la dignité de cardinal par le pape Léon X., en 1518. Il fut nommé à plusieurs évêchés, et enfin à celui d'Albi en 1536. Son administration n'a laissé d'autres traces dans l'histoire que l'acte de sécularisation de l'abbaye de Gaillac, qu'il consentit dans la première année de son épiscopat. Il fut transféré à Narbonne, et mourut en 1550.

Sous le pontificat de Jean de Lorraine, la peste fit de grands ravages dans l'Albigeois. D'après ses conseils, la ville fit un vœu solennel à saint Salvi et à saint Roch, qui devait être renouvelé tous les cent ans, et qui l'a été encore de nos jours, le 16 août 1820. [2]

LOUIS DE LORRAINE. — 1550. — Fils de Claude premier, duc de Guise, et d'Antoinette de Bourbon, fut d'abord évêque de Troies en 1545, et ensuite transféré à Albi en 1550. Il fut fait cardinal en 1553, et assista, en cette qualité, à l'élection de Paul IV en 1559. L'année suivante, il fut nommé à l'archevêché de Sens, qu'il résigna en 1563. Devenu en-

---

1 Dict. de Moreri. — Biographie universelle.

2 Sous l'administration de M. Clair Gorsse, qui proposa de placer dans la chapelle de Saint-Roch, de l'église de Saint-Salvi, l'inscription suivante : *Votum antiquissimum in honorem SS. Salvii et Rochi pro peste avertendâ factum à consulibus urbis Albiensis. — Votum idem anno. 1720 renovatum votum adhuc emissum et renovatum die XVI mensis Augusti anni 1820 a præfecto et ab adjunctis præfecto urbis Albiensis.*
Il est à regretter qu'on n'ait pas donné suite à cette pieuse pensée.

suite évêque de Metz, il gouverna cette église jusqu'à sa mort, qui eut lieu à Paris le 28 mars 1578.

LAURENT STROZZI. — 1561. — Natif de Florence, de la maison des Médicis, du côté de sa mère, qui était nièce de Léon X, et tante de Catherine, reine de France, s'adonna d'abord aux armes et devint un grand capitaine. Il entra dans l'état ecclésiastique, fut fait cardinal et évêque de Béziers en 1548, d'où il passa à Albi, par la résignation de Louis de Lorraine.

Le Calvinisme faisait alors de grands ravages dans le midi de la France. Mais le nouvel évêque mit tant de soins et de zèle à maintenir ses diocésains dans le sein de l'église, sa vigilance et son esprit de persuasion furent si puissants sur les cœurs, que sa ville épiscopale, et la plus grande partie de son diocèse, furent préservés de l'hérésie.

Afin de maintenir la jeunesse dans les vrais principes de la foi, il donna à la ville un vaste établissement, appelé de *Sainte-Gemme*, pour l'instruction des enfants. C'est le collège qui existe encore.

Ce prélat permuta l'évêché d'Albi, avec l'abbaye de Saint-Victor de Marseille, en faveur de Philippe de Rodolphe. Il fut plus tard nommé à l'archevêché d'Aix, où il mourut en 1571.

PHILIPPE DE RODOLPHE. — 1567. — Neveu de Laurent Strozzi, prit possession le 10 juin 1568, et mourut le 15 juin 1574.

JULIEN DE MÉDICIS. — 1574. — Natif de Florence, de la famille des Médicis, fut d'abord évêque de Béziers, ensuite archevêque d'Aix par la résignation du cardinal Strozzi, et enfin évêque d'Albi. Il fonda dans cette ville le couvent des Capucins, dans le faubourg du Tarn, et fit bâtir la grosse tour de Combefa, nommée *Julien de Médicis*. Ce prélat sut se concilier l'amour de ses diocésains, au point que, lorsqu'il sortait de la ville, le peuple se portait en foule à la porte de son palais pour le conjurer de retarder son départ. Il mourut à Marseille dans le monastère de Saint-Victor, dont il était abbé, en 1588.

ALPHONSE D'ELBÈNE I. — 1588. — Naquit à Lyon d'une illustre famille de Florence, obligée de fuir pendant les troubles qui agitaient cette ville. Sa naissance et ses talents lui ouvrirent le chemin des honneurs. Après avoir étudié sous Cujas et reçu le bonnet de docteur en droit, il fut pourvu, en 1580, de l'abbaye de Hautecombe, de l'ordre de Cîteaux, en Savoie. Le duc

Charles-Emmanuel le nomma son historiographe, et lui accorda, ainsi qu'à ses successeurs, dans cette abbaye, le titre de sénateur-né du sénat de Savoie. Mgr. d'Elbène fut aussi l'un des ornements de l'académie florimontane d'Annecy. Il permuta son abbaye d'Hautecombe contre celle de Mézières, en Bourgogne, et fut nommé, en 1588, évêque d'Albi. Il administra ce diocèse pendant vingt années, de manière à se concilier tous les cœurs, dans ces temps difficiles, où le fléau de la guerre civile et religieuse avait laissé des traces si profondes. Cet évêque mourut le 8 février 1608, âgé de 70 ans, et fut inhumé dans le chœur de Sainte-Cécile.

Alphonse d'Elbène avait fait, pendant sa jeunesse, son amusement de la poésie française, et on a de lui quelques vers imprimés avec le tombeau d'*Adrien Turnèbe*. Il aimait les gens de lettres et en était considéré. Ronsard lui dédia son art poétique, et Juste Lipse la plupart de ses ouvrages. Mais il s'appliqua particulièrement à l'histoire, et il a laissé, dans ce genre, des monuments qui méritent d'être consultés, tels que l'histoire de l'origine de la race des Capets, celle du royaume de Bourgogne, et une chronologie des comtes de Toulouse. On trouve encore plusieurs ouvrages écrits de sa main dans les bibliothèques de Paris, de Turin et de Genève. On lui a attribué des lettres à d'Espernon en 1589; mais il est prouvé qu'elles sont d'un furieux ligueur, qui voulut donner plus de crédit à ses opinions en les publiant sous un nom respectable [1].

ALPHONSE D'ELBÈNE II. — 1608. — Succéda à son oncle, et, comme lui, s'attira l'estime et l'amour de ses diocésains. Il obtint des Etats des sommes considérables pour sa ville épiscopale, racheta la baronnie de Lombers, tenue par M. le comte de Panat, et rendit moins onéreux aux habitants le logement des gens de guerre, pendant la lutte malheureuse qui affligea les provinces méridionales de la France. Il fonda, en 1622, le collège des Jésuites, le fit doter par la ville, et céda le prieuré de Saint-Affric pour l'enseignement de la Philosophie. Louis XIII fut présent aux Etats du Languedoc, tenus à Beaucaire en 1622; Alphonse s'y fit remarquer comme un des prélats les plus distingués de la province, par son intelligence dans les affaires. Le roi lui donna le brevet de gouverneur de l'Albigeois, de conseiller au parlement de Toulouse et à la cour des Comptes de Montpellier. En 1628,

---

1 Voir Dictionnaire de Moreri. — Biographie universelle. — Diction. des grands hommes.

son crédit à la cour le fit nommer commissaire pour procéder à la démolition des fortifications de la ville de Castres [1]. Il partagea la somme qui lui fut allouée pour cet objet entre les Jésuites et les Capucins, pour la construction de leurs églises.

[1] Les historiens du temps font mention d'un fait singulier qui mérite d'être rapporté :

Lorsque Mgr Alphonse d'Elbène faisait démolir, par ordre du roi, les fortifications de la ville de Castres, en l'année 1631, comme l'on abattait un bastion, on découvrit une table de pierre sur laquelle paraissaient gravés des caractères gothiques. Ce prélat ayant pris le soin de la faire nettoyer, on y lut l'inscription latine suivante, dont voici en même temps la traduction :

......« 24 mensis februarii anno 1336. » Cum orarem ante altare et capsam » sancti Vicentii, vidi librum prophe- » ticum et in eo scriptum : *Luge frater* » *Joannes ;* apud Castrenses duobus » abhinc seculis sancta religio patrum » tuorum incipiet profanari. Surgent » pseudo prophetæ evangesilantes pacem, » bella undequaque; depredationes, fames » et pestilentiæ. Tumuli aperientur, ossa » tua et parentum tuorum dissipabuntur ; » conventus fratrum minorum et fratrum » predicatorum de Castris ante consum- » mationem seculi septies funditus ever- » tentur et sexties reædificabuntur: postea » luctus, dolor, pressura civium et deso- » latio pessima. »

......« 24 février 1336. Comme je fesais » ma prière devant l'autel où reposent les » reliques du bienheureux saint Vincent, » je vis un livre de prophéties où était » écrit : *Pleure, frère Jean,* dans deux » cents ans d'ici, la sainte religion de tes » pères commencera à être profanée dans » Castres, il s'élevera des faux prophètes » qui n'annonceront rien moins que la » paix ; on ne verra alors que guerres et » brigandages, peste et famine, les tom- » beaux seront violés, tes ossemens et » ceux de tes frères seront dispersés. Les » maisons de saint Dominique et de saint » François de la ville de Castres seront » sept fois ruinées et six fois rebâties » avant la consommation du siècle. Après » cela, douleurs, gémissements, oppres- » sion des peuples et désolation ex- » trême. »

Alphonse d'Elbène dressa un procès-verbal sur la manière dont la pierre prophétique avait été trouvée, et y fit insérer, mot à mot, toute l'inscription. Il en fit faire deux originaux, en retint un, et envoya l'autre au cardinal de Richelieu, alors ministre. Il les fit signer, l'un et l'autre, par plusieurs personnes considérables, qui avaient été témoins de toutes ces choses. Le père Cépet, jésuite, et le sieur d'Espérandieu, avocat en la chambre de l'édit, qui avait servi d'intendant auprès du duc de Rohan, du temps des guerres civiles, furent employés à vérifier et à déchiffrer cette inscription, qui prédisait si clairement le schisme protestant. Cette pierre fut déposée ensuite dans le couvent des pères de la Grande Observance de Castres, et commise à la garde de ces religieux. Mais, quelque temps après, l'avarice d'un gardien, corrompu par les sectateurs de la religion réformée, fit disparaître ce précieux monument de la prescience du saint prêtre. Jean de Fossé, alors évêque de Castres, informé de la mauvaise action de ce moine, voulut prendre connaissance de cet attentat. Pendant qu'il travaillait à la procédure, et qu'il faisait fouiller dans la chambre des religieux, le criminel se déroba par la fuite à la peine qui le menaçait. On trouva dans la paillasse de son lit cent douze pistoles, qui furent employées à achever la construction de l'église de Saint-François de Castres, ruinée par les religionnaires du temps des guerres civiles.

Le fait dont nous venons de parler, quelque extraordinaire qu'il puisse paraître, est rapporté par tous les historiens, et attesté par les documents les moins équi-

La peste étant survenue dans plusieurs parties de son diocèse, en 1630 et et 1631, il donna lui-même des soins aux malades et leur fit distribuer d'immenses secours. C'est alors que les consuls firent un vœu à Notre-Dame de *la Drèche*, par lequel la ville donna une lampe d'argent de la valeur de 400 livres, pour être allumée à perpétuité devant l'image de la Vierge.

Alphonse était favorisé du roi et aimé de ses diocésains, lorsqu'une circonstance malheureuse vint changer sa position. Ce prélat se laissa entraîner à présider la délibération des Etats du Languedoc, tenus à Pézénas le 22 juillet 1632, par laquelle il s'engagea dans la faction du duc de Montmorency. Il reçut dans Albi les troupes rebelles, mais les habitants qui ne partageaient pas ses opinions prirent les armes et le forcèrent à quitter la ville. D'Elbène fut déclaré coupable de lèze-majesté, et privé de son bénéfice, en vertu de la sentence rendue le 19 juillet 1634, par des juges délégués du Saint-Siége. Il fut obligé de sortir de France, et ne fut autorisé à y rentrer qu'après la mort du

voques. (Voyez Lafaille, *Annales de Toulouse*, tom. 2, pag. 77. — Durosoi, tom. 2, chap. 5, pag. 187. — *Traité des Devises Héraldiques*, par M. de Combles, officier d'infanterie, à l'article *Hauterive*. — *Biographie Castraise*, de M. Nayral, tom. 2, pag. 253.) Ces autorités attribuent cette prophétie à un saint prêtre, appelé Jean *d'Alta Ripa* (Jean d'Hauterive), mort à Castres, dont il était natif, en 1379. C'était un prédicateur, célèbre par son talent et par le don de prophétie : il prédit la prison du roi Jean et sa mort en Angleterre. On raconte que, prêchant dans l'église des Cordeliers de la ville de Toulouse, le jour de la fête de saint François, 4 octobre 1361, ce saint homme, après avoir représenté avec éloquence l'instabilité des choses humaines, s'écria d'un accent prophétique : Qu'on avait vu le cardinal Raymond dans une si grande pauvreté qu'il n'aurait pu achever ses premières études à Toulouse sans le secours de la charité; que par ses travaux et par la supériorité de son génie, il était devenu une des plus grandes lumières de l'église, et que de curé de Lautar, il avait été fait évêque et cardinal; mais que ce grand homme ne serait plus en vie dans dix jours. Il s'écria ensuite : *Vanité des vanités, tout n'est que vanité*, et après ces paroles, il cessa son discours et descendit de chaire. Cette prophétie fut accomplie à la lettre. Le cardinal Raymond mourut, en effet, à Avignon, précisément le quinzième jour du mois d'octobre de cette année. C'était Raymond Moscuêroles, qu'on appelait aussi Monstuejouls, nom d'un village d'Auvergne où il était né. Il avait été d'abord évêque de Saint-Flour, puis de Saint-Papoul, et fait ensuite cardinal par le pape Jean XXII.

Frère Jean Alta Ripa mourut à Castres, et fut inhumé dans l'église des Cordeliers. L'on grava sur son tombeau une épitaphe latine, que Durosoi a traduite de la manière suivante :

« Ci-gît Jean Alta Ripa, prêtre, recommandable par son humilité et par le » don de prophétie. Il mourut le dix-huit de mai M. CCC LXXIX, âgé de 86 ans. » Priez Dieu pour lui. »

cardinal de Richelieu. Peu de temps après son retour, ce prélat mourut à Paris le 9 janvier 1651, âgé de 71 ans, et fut inhumé dans l'église du Temple, de l'ordre des chevaliers de Malte [1].

GASPARD DE DAILLON DE LUDE. — 1635. — Né en 1600, était fils du comte de Daillon de Lude, baron de Montels, de Salas et des Fourneaux, et de Françoise Schomberg, sœur du maréchal du même nom. Il était frère de Timoléon, Rogier et Erasme de Daillon, qui se firent tous un nom dans l'état. Après avoir terminé ses études, M. de Lude fut pourvu de l'abbaye de Castellare, en Poitou. Le 5 janvier 1631, il fut nommé, par Louis XIII, évêque d'Agen, et sacré à Paris, en cette qualité, par l'archevêque François de Condé, dans l'église des Jésuites. Transféré à Albi, le 10 octobre 1634, pendant la vie d'Alphonse d'Elbène, par suite de la sentence portée contre ce prélat, il ne put prendre possession de ce siége qu'en 1636. Albi était privé de son évêque depuis plusieurs années, à la suite des événements dont nous venons de faire mention. Aussi le nouveau prélat y fut-il reçu au milieu des témoignages les plus éclatants de la satisfaction générale. Il y fit son entrée solennelle le 9 mars 1637. [2]

1 *Gallia Christ.*, tom. 1, page 40. — Moreri. — Dictionnaire de Feller.
2 Les archives de l'Hôtel-de-Ville d'Albi contiennent le procès-verbal de l'entrée de Mgr. de Lude ; cette pièce, qui fait connaître les mœurs du temps, nous a paru digne d'intérêt. En voici la substance et les passages les plus importants :
Le lundi 9 mars 1637, les consuls ayant fait dresser des arcs triomphaux à partir de la porte du Vigan jusqu'à Sainte-Cécile et à l'archevêché, sont allés à la porte du Vigan, revêtus de leurs habits consulaires, manteau comtal et chaperon, et précédés de violons et hautbois, pour attendre Mgr. l'archevêque. Un valet consulaire marchant en avant, portait, dans un bassin d'argent, les clefs de toutes les portes de la ville, attachées ensemble à un manche et cordon de soie rouge et noire. La noblesse, les bourgeois et le corps des marchands s'étaient aussi rendus à la porte de la ville, ainsi qu'une députation du chapitre de Sainte-Cécile et de Saint-Salvi. De la poudre avait été distribuée à l'Hôtel-de-Ville à mille hommes en armes, et le canon ayant annoncé l'arrivée de Mgr. l'archevêque, les consuls se sont avancés, et Mgr. l'archevêque étant descendu de voiture, le sieur Dumas : premier consul, l'a harangué en ces termes :
» Monseigneur,
» Lorsque vous fûtes nommé notre évêque par ce grand roi, qui a soin de choisir
» à son église des prélats de doctrine éminente et de sainteté exemplaire, votre
» ville d'Albi fit de toutes parts retentir l'air de cris d'allégresse. Mais aujour
» d'hui qu'elle a l'honneur de vous recevoir, il n'est point d'acclamations publi
» ques ni de langues assez disertes qui puissent exprimer notre aise dans le

Mgr. de Lude a occupé le siége d'Albi pendant quarante-deux ans ; sa longue administration a été marquée par des créations utiles.

» bonheur que nous allons posséder. Toutes ces marques et ces démonstrations » extérieures de reconnaissance ne sont que des crayons bien imparfaits de celles » que nous avons dans nos seins, où nos cœurs sont tous feux de joie brûlant » d'affection et de zèle pour votre service. Cette dignité de pasteur et cette autorité » de seigneur, que vous avez sur nous, en exigent ces devoirs. Mais après ces » raisons, tirées de la politique, nous faisons considération de vos vertus, que » toute la France regarde avec admiration, et que nous devons admirer avec » respect et avec révérence. Et certes, c'est une merveille que la morale n'ait » point de préceptes si difficiles pour former l'homme, dont vous n'ayez donné » des exemples. Vous êtes, Monseigneur, grand de mérite et grand de naissance ; » mais quelque grand que vous soyez, vous n'avez rien qui surpasse en grandeur « le désir que nous avons de vous rendre nos obéissances et nos très humbles » services. » Et poursuivant encore son discours, ledit Dumas aurait expressément déclaré à mondit seigneur, *que toute la ville et cité d'Albi le reçoit et reconnaît pour son seigneur spirituel et temporel;* ayant, à cause de sa dignité épiscopale, toute justice et juridiction haute, moyenne et basse ; et pour marque de ladite prélature et domination dudit seigneur, et de la subjection et redevance de ladite ville d'Albi, lesdits sieurs consuls, au nom des habitants et université d'icelle, ont offert de mettre entre les mains dudit seigneur, les clefs de toutes les portes de ladite ville, le suppliant et requérant, ainsi que ses prédécesseurs, seigneurs évêques, ont toujours fait, de promettre et jurer de garder, conserver et entretenir lesdits consuls, manants et habitants de ladite ville d'Albi en leurs priviléges, honneurs, franchises, libertés et coutumes, écrites et non écrites, même garder le contenu des transactions et accords passés entre ses prédécesseurs, seigneurs évêques, et les consuls, manants et habitants de ladite ville ; ce que ledit seigneur aurait accordé, promis et juré, mettant la main droite sur sa poitrine. Quoi fait, lesdits sieurs consuls ont baillé et délivré les clés à mondit seigneur, qui les aurait remises à un des gentilshommes de sa maison, pour les porter au-devant de lui, jusques dans son palais épiscopal ; et tout incontinent lesdits sieurs consuls auraient fait apporter un poële de satin vert, à six bâtons, ayant en chacune de ses quatre faces les armoiries dudit seigneur, qu'ils avaient fait faire exprès pour lui offrir et le porter sur sa personne ; et quoique cet honneur lui fût dû, il le refusa, disant qu'il n'était dû qu'à Dieu ; ordonnant auxdits sieurs consuls de le faire porter au couvent des révérends pères Carmes, pour l'ornement de leur église. Ledit seigneur s'étant remis dans son carrosse, et fait monter dans un autre lesdits sieurs six consuls, serait entré dans la ville et allé à la cathédrale, où le chapitre l'attendait au bout du grand degré. Là M. Auguste Lebrun, chanoine, lui aurait offert la croix à baiser, et lui aurait parlé au nom dudit chapitre. La harangue finie, ledit seigneur est entré à l'église, où l'orgue et la musique ont chanté le *Te Deum,* et fait les autres cérémonies et solennités d'usage. Après quoi l'évêque serait allé à pied dans son palais épiscopal, accompagné des consuls et habitants.

Le lendemain, dans le palais épiscopal et dans la grande salle, le prélat, revêtu de son rochet et habit épiscopal, étant assis sur un siége couvert d'un

Possesseur d'un patrimoine considérable, il croyait devoir consacrer sa
fortune particulière à rehausser l'éclat de sa dignité et de sa naissance ;

drap de velours violet, ayant au-devant de lui un accoudoir avec un carreau de
même étoffe, et sur icelui posé un livre missel ouvert en l'endroit du saint
canon de la Messe, et au-dessus une grande croix d'argent, le tout préparé ;
les consuls portant leurs robes et manteaux consulaires, accompagnés des notables habitants de la ville, se sont présentés devant mondit seigneur, et après
une très humble et profonde révérence, le premier consul a harangué Mgr.
en ces termes : « Monseigneur, ravis d'admiration et d'aise, nous ne pouvons
» nous lasser de vous rendre les devoirs et les témoignages de nos respects, et
» voudrions inventer de nouvelles déférences pour vous accueillir avec plus
» d'humilité. Le bien de vous honorer nous est si cher, que nous ne saurions
» assez vous faire paraître l'estime que nous fesons et la gloire que nous tirons
» d'être sous un seigneur qui sait user de son pouvoir avec tant de douceur et
» de modération, qui nous rend impatients, dans le désir que nous avons de
» nous soumettre à votre domination, par un serment solennel et inviolable.
» Cette action, Monseigneur, quoiqu'elle soit d'obligation, bien loin de souffrir
» de contrainte, s'accorde si fort à nos volontés, que quand même l'usage nous
» en dispenserait, nous serions marris dans cette liberté de ne pas vous rendre
» les mêmes soumissions, et cet hommage que nous vous supplions présen-
» tement d'agréer, afin que, assuré de nos fidélités et obéissances, vous ayez
» occasion de nous regarder de cet œil dont un bon seigneur voit ses vrais et
» naturels sujets. » Et incontinent après, lesdits sieurs six consuls découverts,
s'étant mis à genoux devant ledit seigneur, et posé leurs mains sur le *Te Igitur*
et croix, pour ce au nom de la communauté de ladite ville, ont juré ce qui était
écrit en un papier que portait en ses mains le premier consul, lequel, par lui
signé, il a lu et récité intelligiblement, de mot à mot, ainsi que suit :
« Je, premier consul syndic de la ville d'Albi, assisté des autres consuls, et de
» la plus grande partie des notables habitants de ladite ville, et suivant la charge
» et pouvoirs donnés par délibération du conseil-général, tenu en la maison
» consulaire, reconnais et confesse que vous, mon Seigneur illustrissime et ré-
» vérendissime, êtes seigneur spirituel et temporel de la présente ville et cité
» d'Albi, et vous promets et jure, par apposition de mes mains sur les Saints
» Évangiles de Dieu, et le *Te Igitur* et la croix, que tous l'universiters et sin-
» guliers d'icelle ville, vous seront bons et féaux sujets, et vous garderont et
» procureront vos droits, profits et honneurs ; éviteront vos dommages, obéi-
» ront à vos commandements et à vos officiers ; et si aucune chose savions
» contre votre justice et seigneurie, y résisterons de notre pouvoir, et ce vous
» signifierons et ferons signifier par loyal messager, incontinent et sans délai,
» et toutes et chacunes choses accoutumées ; jurer pour et au nom de ladite
» université et singulier d'icelle, en cas semblable et requis ; je jure et pro-
» mets faire tenir, garder, observer et accomplir, si m'aide Dieu et ses Saints. »
Lequel hommage, ainsi rendu, a été accepté par mondit seigneur illustrissime
évêque, et en après a remis les clefs des portes de la ville entre les mains des-
dits sieurs consuls, qui ont reconnu les tenir de lui et en son nom, et ont
promis les restituer entre ses mains ou de son vicaire-général, ou de ses officiers, et à toutes heures de nuit et de jour, ouvrir et fermer les portes de la
ville, obligeant à cette fin les biens de ladite université ; et de tout ce dessus
a été ordonné par ledit seigneur évêque, et requis par lesdits sieurs consuls
être fait acte par deux notaires.

mais ses dépenses ne l'empêchèrent jamais d'employer les revenus de son évêché au soulagement des pauvres ou à des établissements religieux.

Il fit de riches présents à son église, notamment un magnifique dais, en drap d'or, et un ornement noir complet, sur les pièces duquel on voyait un Saint-Esprit en argent, et ses armes dans les quatre coins. Le prélat fit cette générosité à sa cathédrale, après sa nomination de commandeur de l'ordre du Saint-Esprit, qui avait eu lieu le 30 décembre 1661.

Mgr. de Lude laissa à ses successeurs la magnifique maison *du Lude*, à laquelle il donna son nom, et la belle orangerie, sur laquelle le comte de Bristol, ami du prélat, fit graver le dystique suivant :

» *Semper hic invito fulget poma aurea Cœlo;*
» *Sic sœvas hiemes Ludit Ludovicus et ornat.*

Cette belle habitation a été acquise depuis peu d'années, par les dames du Bon-Sauveur de Caen [1]. Des constructions colossales viennent de s'élever à côté de l'ancienne demeure des évêques, et cet établissement, consacré à soulager toutes les misères, a pris dès sa naissance un accroissement qui lui promet un brillant avenir.

On doit à ce prélat la façade extérieure de l'église des Jésuites, et la construction du couvent des dames de la Visitation, dans le faubourg du Pont. Cette maison, récemment fondée, devint célèbre par la retraite que vint y chercher la comtesse d'Izembourg, dont les aventures et les malheurs ont été décrits, d'une manière aussi aimable que gracieuse, par mademoiselle de Saliez. [1]

---

1 La maison du Bon-Sauveur de Caen, fondée et dirigée par le célèbre abbé Jamet, est destinée à l'éducation des sourds-muets et au traitement des aliénés. Elle embrasse aussi toutes les autres œuvres de charité.

2 *La comtesse d'Izembourg*, Paris, 1688. On trouve à la bibliothèque d'Albi un exemplaire de ce charmant ouvrage, aujourd'hui très rare. — Comme Mgr. de Lude a joué un rôle important dans cette histoire, nous avons cru devoir en donner ici l'analyse.

Marie-Anne de Hohenzolerne tenait, par sa naissance, aux plus illustres maisons de l'empire. Confiée à la comtesse de Furstemberg, sa sœur aînée, elle joignit bientôt une éducation accomplie à tous les avantages de la nature. Sa beauté la fit rechercher, dès l'âge de quinze ans, par plusieurs jeunes seigneurs de la cour. Mais sa sœur, femme d'un caractère altier et sévère, leur préféra le vieux comte d'Izembourg, qui alliait à un grand courage une âme sombre et farouche. Il était déjà veuf d'une femme morte subitement, et par une cause inconnue, qui avait laissé dans les esprits de violents soupçons d'empoisonnement

C'est à Mgr. de Lude qu'est due en grande partie l'érection de l'arche-vêché d'Albi ; il fit toutes les démarches nécessaires à cet effet , présida aux enquêtes , et passa le concordat avec l'archevêque de Bourges le 7 mars 1675. La bulle d'érection allait être portée , lorsque le prélat mourut dans sa maison du Lude , le 24 juillet 1676 , à l'âge de 76 ans. Il fut enseveli dans le chœur de Sainte-Cécile , au devant de la chaire épisco-pale. Nous avons donné l'inscription gravée sur sa tombe. Mgr. de Lude laissa sa bibliothèque à la ville , et fit des libéralités considérables en faveur des établissements religieux ou de charité.

La jeune comtesse ne tarda pas à ressentir les effets de l'humeur et des mau-vais traitements de son époux. Constamment menacée d'une mort tragique, elle profita d'une absence que fit le comte pour échapper à sa tyrannie. Deux jeunes officiers , en qui elle avait une entière confiance , lui servent de guide; l'un d'eux se dévoue à la mort pour arrêter une troupe de gardes envoyés par le comte à la poursuite de son épouse. Cet héroïsme lui sauva la vie. Elle arriva à Paris accompagnée de son fidèle écuyer, nommé Mesplets; mais ne se trou-vant pas en sûreté dans une ville où ses malheurs étaient déjà connus, elle vint s'établir en Languedoc , dont on lui avait souvent vanté le climat. Le petit château de la Longagne , à une lieue d'Albi , lui offrit une retraite solitaire mais agréable. La comtesse y vivait tranquille , tachant d'oublier ses infortunes , en apprenant à filer et à parler la langue du pays , lorsque son libérateur lui-même (le jeune Mesplets), devint pour elle un nouveau sujet de tourments et d'alarme. Cette femme infortunée chercha un refuge et un appui auprès de Mgr. de Lude , évêque d'Albi , dont elle connaissait le caractère et les hautes vertus. Le prélat, touché des malheurs de la comtesse, lui accorda sa protection tout entière ; quelques jours après il la conduisit lui-même dans le couvent de la Visitation, où il lui donna le voile religieux ; plus tard elle devint abbesse dans cette sainte maison , et mourut en 1670.

ARCHEVÊQUES.

HIACINTHE SERRONI. — 1676. — Né à Rome, en 1617, fut pourvu, dès l'âge de huit ans, par le pape Urbain VIII, de l'abbaye de Saint-Nicolas, dans la ville. Il entra ensuite au couvent de la Mineure, et prit l'habit religieux, qu'il honora par ses vertus et par ses progrès dans les sciences ecclésiastiques. Le père Michel Mazarin, frère du cardinal, premier ministre, qui était alors dans ce monastère, se lia avec Serroni d'une étroite amitié, et le pape ayant nommé Michel maître du sacré Palais, Serroni fut appelé auprès de lui et le dirigea dans les fonctions de sa charge, jusqu'au moment où le frère du ministre de France fut nommé à l'archevêché d'Aix. Serroni vit avec peine s'éloigner de lui, celui qui devait favoriser sa carrière ; il le lui fit comprendre, et lui dit en l'embrassant : *Memento mei, cum fueris in regno tuo, domine.* L'archevêque d'Aix n'oublia pas ces instances de l'amitié, appela bientôt Serroni auprès de lui, et le présenta à la cour, où ses talents et ses vertus devaient bientôt le faire connaître. Aussi fut-il nommé, en 1647, à l'évêché d'Orange. Le pape l'établit, en même temps, vicaire apostolique dans la province de Tarragone, dont l'église métropolitaine et les cathédrales étaient alors dépourvues d'évêques. Il remplit ces fonctions avec tant d'éclat, que le roi le nomma intendant de la marine en 1648, et lui donna la mission d'aller en Catalogne en qualité d'intendant de l'armée.

Après la suspension d'armes entre la France et l'Espagne, il fut choisi comme commissaire, avec M. de Marca, archevêque de Toulouse, pour le réglement des limites des deux royaumes. Dans la conférence de Saint-Jean-de-Luz, avec le cardinal Mazarin et don Louis de Haro, ministre d'Espagne, il sut si bien ménager les intérêts des deux nations, qu'il parvint à les concilier par son habileté et par sa prudence. Le roi , pour le récompenser de ses services , voulut qu'il mit dans ses armes un rocher d'or , qu'un lion divise avec une scie ; armes parlantes qui , suivant l'usage d'alors , désignaient son nom : *Serra-Scie*. Nommé à l'évêché de Mende , en 1661 , Serroni montra , dans ce nouveau siége , toute l'activité de son esprit et la générosité de son cœur. Il fit l'abandon *du droit de marque* des marchandises fabriquées dans son diocèse , dont le revenu était de quinze mille livres ; il apaisa le soulèvement du Vivarais , et fonda dans sa ville épiscopale un grand nombre d'établissements. Il fut récompensé de son zèle et de sa générosité par l'abbaye de la Chaise-Dieu , vacante par la mort du cardinal Mancini , ci-devant remplie par les cardinaux de Richelieu et Mazarin , du revenu de vingt-deux mille livres ; et peu de temps après , lors de l'érection de l'archevêché d'Albi , en 1676 , par la volonté expresse du roi , l'arrêt du conseil qui fit cette érection , le désigna pour cette charge.

Serroni fit son entrée à Albi après les états de la province , le 22 février 1679. Le nouvel archevêque y fut reçu avec un enthousiame et une solennité qu'il est impossible de rendre. La spirituelle mademoiselle de Saliez , alors viguière d'Albi , contribua à cette fête publique par des vers gracieux et des inscriptions analogues à la circonstance , placés sur des arcs de triomphe , élevés en l'honneur du prélat. Elle en fit alors une relation détaillée dans une lettre à madame (Mariotte de Toulouse) , qui fut rendue publique , et insérée dans le *Mercure de France* de cette époque [1].

1 Antoinette de Salvan de Saliez , née à Albi en 1638 , fut mariée à Antoine de Fontvielle, seigneur de Saliez, viguier d'Albi, dont elle devint bientôt veuve. Comme elle joignait à beaucoup de délicatesse d'esprit , de l'érudition et un grand goût pour les sciences , elle se livra entièrement à l'étude et à la culture des lettres ; elle tenait chez elle des assemblées où les gens d'esprit étaient reçus , et se rendaient avec empressement. On y discourait sur toute sorte de sciences et de littérature , et madame de Saliez y brillait par son esprit et par son savoir. En 1689 , l'académie des Ricovrati, de Padoue , lui envoya des lettres d'académicienne. Elle avait formé une société , à qui elle donna le titre de Chevaliers et de Chevalières de la Bonne Foi , dont elle dressa les statuts en 1704. Madame de Saliez est morte à Albi , le 14 juin 1730 , à l'âge de 92 ans , ayant conservé jusqu'à la fin toute la vivacité de son esprit. Elle a laissé de charmants ouvrages ; entre autres : *La Comtesse d'Izembourg* , dont nous avons parlé. Voir *l'Histoire Littéraire des Dames Françaises* , tome 1er — L'abbé de la Porte et *le Parnasse Français* de Titon du Tillet, page 648.

Ce prélat montra bientôt, par son administration, qu'il était digne des honneurs qu'on venait de lui rendre. Après avoir promulgué des réglements pour la discipline ecclésiastique et pour l'honneur du sacerdoce, il fit construire le grand séminaire, et ordonna dans le palais épiscopal des réparations qui attestaient de son goût et de son génie. On lui doit la grande salle de la bibliothèque, le grand escalier, la double terrasse qui est sur le Tarn, le corridor qui conduit à Sainte-Cécile, entièrement taillé dans le massif du mur ; enfin, la partie de la chapelle où l'on voit encore ses armes.

Cet évêque mourut à Paris, le 7 janvier 1687, à l'âge de 77 ans. Il fut enseveli dans l'église du noviciat des Dominicains du faubourg Saint-Germain, dont il avait posé la première pierre. Son cœur fut porté à Albi, par M. l'abbé Decamps, son grand-vicaire, qui devint plus tard évêque de Pamiers, et placé à Sainte-Cécile, dans un des murs de la chapelle de Saint-Amans, aujourd'hui de Saint-Barthélemy. La pierre qui le recouvrait fut enlevée pendant la révolution, par des hommes cupides, dans le but de s'emparer de la boîte en argent qui renfermait le cœur du prélat.

Serroni institua le chapitre de Sainte-Cécile héritier de tous ses biens. La bibliothèque de la ville possède un grand nombre d'ouvrages précieux qui lui ont appartenu, où se trouvent son nom et ses armes. On voit, dans une des salles de l'archevêché, le portrait original de ce prélat, qui est un chef-d'œuvre de Gérard.

Serroni aimait les sciences et les lettres. Il a laissé plusieurs écrits, notamment les Entretiens affectifs de l'âme avec Dieu, sur les psaumes de David ; des Sermons, et une Oraison funèbre de la reine-mère [1].

CHARLES LEGOUX DE LA BERCHÈRE. — 1687. — Né à Dijon, fils de Pierre Legoux, seigneur de La Berchère, premier président au parlement de Grenoble, et de Louise Joly de Busi, fit ses hautes études à

[1] Claudius Estiennot, dans la *Nomenclature des abbés de la Chaise-Dieu*, parle de Serroni de la manière suivante, et qui prouve assez combien ce prélat était remarquable sous tous les rapports.

« *Præsul est sane eruditissimus et humanissimus, quique ut cum Sidonio » loquar, agit sine superbia nobilem, sine invidia potentem, sine supersti-» tione religiosum, sine jactantia litteratum, sine asperitate fortem, sine » popularite communem, juvandis litteris natus est, antistes cedro dignus » quem musæ quas colit non sinerint mori.* »

Paris, où il prit le grade de docteur en Sorbonne. Il fut nommé aumônier du roi, et puis évêque de Lavaur en 1677. Ce prélat gouverna ce diocèse pendant l'espace de huit années, et se fit distinguer par sa charité envers les protestants, qu'il s'efforça de ramener dans le sein de l'église. Son mérite l'appela à l'archevêché d'Aix en 1685, et deux ans après à celui d'Albi. Mgr. de La Berchère montra dans l'administration de ce dernier diocèse, le zèle et la haute capacité qui l'avaient déjà distingué dans ses précédents emplois. Son premier soin fut de pourvoir au soulagement des pauvres. Il appela des sœurs hospitalières, et fit construire, à ses frais, l'hôpital qui existe aujourd'hui, sur l'emplacement donné par M. l'abbé de Ciron, alors archidiacre de Sainte-Cécile. Il posa la première pierre de cet édifice le premier mars 1697.

Son crédit à la cour lui fit obtenir pour son diocèse une diminution sur les tailles et impositions, à la suite des malheureuses années 1692, 93, 94 et 95, où la ruine de ce pays fut consommée par la construction du Canal-des-Deux-Mers, qui porta un coup mortel à son commerce et à son industrie.

Mgr. de La Berchère joignit à une ardente charité une piété tendre envers les saints : afin d'honorer ceux de son diocèse d'une manière particulière, il réunit les offices propres à chacun d'eux dans une collection spéciale. [1]

Il fit porter dans sa chapelle les reliques des saints patrons des cinq églises suffragantes, et voulut rendre au premier évêque d'Albi les honneurs que méritait ce titre, en lui consacrant dans son église cathédrale une chapelle qui devait recevoir le précieux dépôt des reliques de ce saint martyr. La réception de ces reliques eut lieu le 22 septembre 1700, et fut faite avec toute la solennité digne de son objet. La relation de cette touchante cérémonie a été écrite par mademoiselle de Saliez, dont la plume élégante et gracieuse savait se prêter à toutes les circonstances [2]. C'est à cette même époque que Mgr. de La Berchère fit voûter la dernière chapelle de Sainte-Cécile, placée à droite; la fit peindre et y fit placer cette légende, empruntée des Paralipomènes (chap. 4) : *Sic que completum est omne opus quod fecit Salomon in domo Domini.*

Ce prélat fit, en outre, de grandes libéralités à son église. Il plaça les

---

1 *Proprium sanctorum ecclesiæ Albiensis.*
2 Mercure de septembre 1700.

degrés en marbre du siége épiscopal du chœur, et créa à perpétuité la fondation suivante : Tous les jours, à la messe capitulaire, avant le *Memento*, le diacre chantait ces paroles : *Memento, Domine, famuli tui Caroli*, et tout le chœur répondait : *Amen*. Il laissa pour cet objet une somme considérable.

C'est encore à Mgr. de La Berchère que l'on doit l'achévement de la chapelle de l'archevêché, les tableaux qui en font l'ornement et la galerie qui la termine. On lui doit encore la terrasse qui est au fond de la grande cour de l'archevêché, au dessus du jardin ; la chambre et le cabinet de suite pratiqués dans le massif de la tour carrée et l'appartement qui donne sur la rivière du Tarn.

Cet évêque fut transféré à Narbonne en 1703. Il y mourut le 2 juin 1719, à l'âge de 72 ans.

Mgr. de La Berchère fut membre honoraire de l'académie de Montpellier, et l'un des commissaires nommés par le clergé de France, en 1705, pour veiller à l'édition des actes, titres et mémoires concernant les affaires du clergé. On a de lui une oraison funèbre de Mgr. de Serroni, des statuts synodaux de Lavaur, son propre des saints d'Albi ; ses harangues au roi Louis XIV, en 1701, et au roi Louis XV, au nom du clergé ; enfin, une lettre à l'abbé Fyot, sur la mort de l'abbé de Joly, chanoine de Dijon, et une autre au père Mabillon, datée d'Albi, le 29 décembre 1691.

Ce prélat était recommandable par son zèle pour les intérêts et pour la gloire de son pays, autant que par son amour pour les lettres. Le premier il conçut et forma le dessein *d'une histoire complète du Languedoc, où, en détaillant tous les faits, on n'oublierait rien de ce qui concerne les mœurs, les coutumes et le gouvernement politique des peuples* [1].

Il le proposa dans l'assemblée des états tenus à Montpellier au mois de janvier 1709, et après y avoir représenté les avantages qu'on pouvait en espérer, il eut la gloire de se voir chargé de la conduite de cet ouvrage.

Ce judicieux prélat en confia l'exécution aux religieux Bénédictins de la congrégation de Saint-Maur, et l'on sait avec quel succès dom Claude de Vic et dom Vayssete surent remplir leur mission [2].

1 Procès-verbal des états de 1709.
2 Voir la préface de l'*Histoire générale de Languedoc*, pag. 1. — *Gallia Christ.*, tom. I, pag. 42.

HENRI DE NESMOND. — 1703. — Originaire de l'Angoumois, se fit de bonne heure un nom dans la chaire, pendant qu'un de ses frères, le chevalier de Nesmond, illustrait le sien dans la marine. Ses succès le portèrent sur le siége épiscopal de Montauban, puis sur celui d'Albi, où il fut appelé le 15 août 1703. Il fut reçu en 1710 à l'académie française, à la place de Fléchier, dont il reproduisait, sinon le talent oratoire, du moins toutes les vertus apostoliques. Nommé à l'archevêché de Toulouse, le 6 novembre 1719, il n'eut recours qu'aux voies douces et persuasives pour ramener à l'unité de la foi les protestants de son diocèse; ses fonctions lui imposèrent souvent le devoir de haranguer le monarque au nom du Languedoc; ce fut dans une occasion semblable qu'étant resté court après quelques mots d'exorde, le prince lui dit avec bonté : Je suis bien aise que vous me donniez le temps de goûter les belles choses que vous me dites. On a raconté, à peu près, la même anecdote de Massillon. Ce prélat mourut en 1727. Il a laissé des discours et des sermons estimés; ils sont écrits avec une simplicité noble, et en même temps avec cette négligence par laquelle les hommes du monde affectaient autrefois de se distinguer des écrivains de profession.

ARMAND-PIERRE DE LA CROIX DE CASTRIES. — 1719. — Était issu de l'ancienne maison de Mont-Arnaud. Il était fils du baron de la Croix de Castries et de dame de Bouzi, nièce du cardinal du même nom. D'abord archidiacre de Narbonne; il alla à Paris où son génie et ses hautes qualités le mirent en grande faveur auprès du duc d'Orléans. Ce prince, devenu régent du royaume, le nomma à l'archevêché de Tours en 1722. Il n'avait pas encore pris possession de ce siége lorsqu'il fut désigné pour celui d'Albi.

Ce prélat donna, pendant tout le temps de son épiscopat, des marques éclatantes de son zèle pour la religion et du dévoûment le plus absolu pour ses diocésains. Il aimait les pauvres, et joignait à ses bienfaits le précieux talent de se faire aimer de ceux auxquels il faisait du bien. Personne ne sut réunir, avec plus de naturel, cette véritable grandeur qui vient des sentiments de l'âme, avec cette affabilité qui séduit et qui attire. Il sut corriger et pardonner, et c'est par cet heureux mélange de douceur et de dignité, de clémence et de justice, que, dans les temps les plus orageux , il maintint la paix dans son église , et s'attira l'amour et le respect de tous ceux qui le connurent.

En 1733 , Mgr. de Castries fut nommé cordon bleu et commandeur de l'ordre du Saint-Esprit. Il était revêtu de cette distinction lorsqu'il fit faire l'orgue de Sainte-Cécile, ainsi que cela résulte de l'inscription qui indique l'époque où cet instrument fut construit.

Appelé souvent à la cour pour les affaires du clergé , ce prélat chargea de l'administration du diocèse M. Quiqueran de Beaujeu , évêque de Leuse *in partibus* ; celui-ci étant mort d'une manière inopinée en 1737 , il fit nommer pour le remplacer , pendant son absence , dans les fonctions épiscopales, M. Jean de Brunet Castelpers de Panat, et le sacra lui-même, à Paris , avec le titre d'évêque d'Ivry *in partibus ,* en l'année 1740.

Monseigneur de Castries décéda à Albi , le 15 mars 1747 , et fut enseveli dans le chœur de Sainte-Cécile, à côté de Mgr. d'Elbène.

DOMINIQUE DE LAROCHEFOUCAULD. — 1747. — Était né en 1713 , à Saint-Elpis, dans le diocèse de Mende. Il fut distingué , jeune encore , par M. de Choiseul , évêque de Mende , qui parla de lui avec faveur à M. Frédéric-Jérôme de Larochefoucauld, son parent , alors archevêque de Bourges. Ce prélat appela auprès de lui le jeune Dominique , et se chargea de diriger ses études. Il l'envoya au séminaire de Saint-Sulpice et le prit ensuite pour son grand-vicaire. L'abbé de Larochefoucauld en exerça les fonctions jusqu'à l'époque de sa nomination à l'archevêché d'Albi en 1747. Il fut sacré en cette qualité par ce même évêque de Mende, auquel il devait son élévation; sa bonté, sa douceur , ses manières simples et aimables , lui gagnèrent tous les cœurs. Lors de la famine qui eut lieu dans le Midi en 1752 , il convoqua le clergé ainsi que les notables de la ville, et pour les exciter par son bon exemple , il remit entre leurs mains tous ses revenus de l'année. Ce digne prélat distribuait lui-même des secours aux indigents , les encourageait , et faisait luire l'espérance dans le cœur des malheureux. Sa charité et sa conduite, dans ces circonstances difficiles, ne firent qu'accroître l'estime qu'on avait pour sa personne. La vénération dont il était l'objet, lui fit aimer un pays auquel il s'attacha par les liens du cœur. En l'année 1750 , il maria une de ses sœurs , Mlle Marie-Françoise de Larochefoucauld, avec M. le comte de Panat , chef d'escadre , dont la famille jouissait, dans le Rouergue et l'Albigeois, d'une grande considération. Mais son mérite l'appela bientôt aux plus hautes dignités de l'église. Il fut pourvu, en 1757, de la riche abbaye de Cluny, transféré deux ans après sur le siége de Rouen, et enfin nommé cardinal. La bonté de son cœur, jointe à toutes les vertus épiscopales, lui concilièrent les esprits à Rouen comme à Albi. Il dota les hôpitaux, adoucit le sort des prisonniers et donna du secours à toutes les infortunes. Mille traits nous le peignent comme l'ami des malheureux et le père de ses diocésains. Nous allons nous borner à deux.

Le prélat rencontra un jour à la porte de son parc un enfant de quatre ans. Celui-ci vole dans ses bras ; l'éclat de la croix épiscopale frappe ses yeux ; il la saisit d'une main avide et la baise : Tu veux ma croix, mon fils, lui dit le bon archevêque, je te la donne ; et à l'instant il dénoue le cordon qui la soutient et l'attache au cou de l'enfant. La mère survient. — Ah ! Monseigneur, dit-elle, ce n'est pas ce riche bijou que je vous demande pour lui, c'est l'honneur de votre protection. — Il aura l'un et l'autre, madame, lui dit le prélat. Sa promesse ne fut point vaine, et cet enfant, élevé par ses soins, est devenu depuis un vénérable prêtre, qui, après avoir dignement exercé le saint ministère, a été confesseur de la foi.

Dans une autre circonstance, on avait signalé à ce saint évêque, une famille, autrefois riche, tombée dans la plus affreuse indigence. Sa charité le conduisit dans la demeure délabrée qu'elle habitait ; et pour déguiser ses largesses, et ménager l'amour-propre naturel au malheur, il feignit d'attacher un grand prix à un tableau, dernier débris d'une opulence passée, le demanda, et envoya en échange une somme de huit mille livres.

Monseigneur de Larochefoucauld fut le premier qui adhéra aux actes de l'assemblée du clergé en 1756. Le 1er juin 1778 il fut nommé cardinal, sur la présentation du roi, et présida les assemblées du clergé de 1781 et 1782. Député aux états-généraux et président de la chambre du clergé en 1789, il vota, ainsi que la majorité de son corps, pour la séparation des trois ordres, et ne se réunit au tiers que sur l'invitation expresse du roi, en déposant sur le bureau une protestation pour la défense des droits de son ordre. Il prit part depuis à toutes les mesures adoptées par le clergé, et présida aux réunions d'où sortit l'exposition des principes. On surprit un jour une de ses lettres, où il s'élevait contre les innovations, et il fut dénoncé en pleine assemblée. Sans se laisser intimider par le bruit, le cardinal se leva et dit avec calme : *Oui , Messieurs , j'ai écrit la lettre qu'on vous dénonce , et j'ai dû l'écrire, elle renferme mes véritables sentiments.* La majesté imposante de cet aveu confondit l'accusateur et le réduisit au silence. Tel est l'ascendant de la vertu.

Le prélat ayant refusé de prêter le serment , on s'occupa de lui nommer un successeur suivant les formes nouvelles. Il écrivit , le 23 janvier 1791 , aux électeurs pour leur représenter l'irrégularité de leur opération , et publia , le vingt février suivant , une instruction pastorale contre la constitution civile du clergé. La crainte ne l'empêcha jamais de paraître à l'assemblée dans les circonstances les plus difficiles. Un des derniers à quitter la France , il ne partit qu'après le 10 août 1792 ; s'embarqua le 20 septembre à Boulogne , passa dans les Pays-Bas , et habita successivement Maëstricht , Bruxelles et Munster. Arrivé dans cette dernière ville en juillet 1794, il y vécut , non seulement comme un sage, mais comme un héros chrétien. Il s'y fit admirer par sa douceur et sa constance, respecter du peuple et des grands par sa piété. Détaché du monde et de ses grandeurs , homme de prière , ce saint évêque vit sans crainte approcher le terme de sa vie. Il mourut le 27 septembre 1800 , et ses honorables obsèques attestèrent la douleur universelle. Le grand chapitre le fit inhumer dans un caveau de la cathédrale , et son oraison funèbre fut prononcée par M. l'abbé Jarry. Ce discours , qui fut imprimé à Anvers , est écrit avec talent , et fait bien connaître les vertus du prélat.

LÉOPOLD-CHARLES DE CHOISEUL-STAINVILLE. — 1759. — Descendant des comtes du Plessis-Praslin, naquit au château de Lunéville, le 6 décembre 1724. Il était frère du ministre de ce nom. Cette haute protection jointe à un véritable mérite , lui assuraient une brillante carrière. Nommé évêque d'Évreux en 1758 , il fut appelé l'année suivante à l'archevêché d'Albi.

Ce prélat avait un esprit actif et un génie créateur. Un de ses premiers soins fut de rechercher tous les réglements de ses prédécesseurs, de les coordonner et d'en faire un corps d'ordonnances qui pût servir de règle pour son clergé. Il convoqua à cet effet, le 28 avril 1762 , une assemblée synodale ; et les statuts qu'il publia après cette réunion, sont regardés comme un chef-d'œuvre en ce genre. Il donna en même temps un nouveau bréviaire sur le modèle de celui de Paris, qu'il fit approprier au diocèse d'Albi.

Monseigneur de Choiseul ne se borna pas seulement à des réformes et à des changements importants dans les affaires ecclésiastiques. Son esprit pénétrant, embrassant d'un coup-d'œil rapide tous les dehors de la ville d'Albi, en changea dans un instant l'aspect extérieur. Des remparts flanqués de tours et entourés de fossés profonds, firent place à de riantes promenades et à des terrasses uniformes présentant partout un coup-d'œil gracieux. La promenade du Jardin-Royal a porté pendant longtemps le nom de Jardin Choiseul. Comptant sur le secours du ministre son frère, il avait conçu d'immenses projets pour l'embellissement de sa ville épiscopale, lorsqu'il fut appelé en 1764 sur le siége de Cambrai, où il mourut en 1774.

FRANÇOIS-JOACHIM DE PIERRE DE BERNIS. — 1764. — Comte de Lyon, naquit le 22 mai 1715, à Saint-Marcel-d'Arche en Vivarais, d'une famille ancienne, mais peu favorisée de la fortune. Destiné à l'état ecclésiastique, il alla de bonne heure à Paris et fit ses études au séminaire de Saint-Sulpice. Sa naissance le fit entrer d'abord dans le chapitre noble de Brioude, d'où il passa bientôt dans celui de Lyon, plus illustre encore. Ces titres ne l'empêchèrent pas d'habiter la capitale, où une figure heureuse, des manières pleines de grâce et de politesse, un esprit enjoué et le talent de faire des vers faciles et agréables, lui procurèrent des succès flatteurs auprès des hommes les plus distingués et dans un monde choisi au milieu duquel se trouvaient tous ses parents. L'abbé de Bernis fut présenté au roi Louis XV, et eut le bonheur de plaire à ce monarque, qui lui donna un appartement dans son palais et quinze cents livres de rente sur sa cassette. Nommé peu de temps après à l'ambassade de Venise, il fit estimer et apprécier son esprit et son caractère chez cette nation, assez difficile parce qu'elle est un bon juge. La considération qu'il y acquit subsista longtemps, et le pape Benoît XIV, ayant eu un différend avec cette république, le choisit pour médiateur. La conclusion de cette affaire terminée à la satisfaction des deux parties, inspira au chef de l'Église une si grande estime pour le négociateur, qu'il fut aussitôt désigné cardinal, engagement que Clément XIII s'empressa d'acquitter. Au retour de son ambassade de Venise, l'abbé de Bernis jouit d'une grande faveur à la cour. Il entra dans le conseil du roi et fut chargé des affaires étrangères. Cette époque de son crédit fut aussi celle de ses contradictions. C'est sous son ministère qu'eut lieu le traité entre la France et l'Autriche, suivi de la guerre désastreuse de sept ans, et terminé par la paix honteuse de 1763. Le comte de Bernis fut injustement accusé d'être l'auteur d'une alliance qui était devenue si funeste. Exilé de la capitale et de la cour, il soutint avec dignité sa disgrâce qui dura six ans environ, jusqu'à l'année 1764, où il fut nommé à l'archevêché d'Albi; envoyé à Rome cinq ans après, en qualité d'ambassadeur, il joignit à ce titre celui de protecteur des églises de France, et y fixa sa résidence.

Le cardinal de Bernis se fit distinguer à Rome par la politesse et l'élégance de ses manières, l'agrément de son esprit, la magnificence de sa maison, l'accueil honorable qu'il fit à tous les étrangers. « Sa maison, dit l'auteur d'un voyage en Italie, est ouverte à tous les voyageurs de toutes les parties du monde. Il tient, comme il le dit lui-même, l'auberge de France dans un carrefour de l'Europe. » Les tantes de Louis XVI étant allées chercher à Rome, en 1791, une sécurité dont elles ne jouissaient plus en France, le cardinal les accueillit et les traita avec tous les égards dus à leur rang, jusqu'à l'époque de leur départ pour Trieste. La révolution vint interrompre le noble usage que ce digne ambassadeur faisait de sa position. Il ne survécut que quelques années à cet événement, et mourut à Rome, le 2 novembre 1794, âgé de 79 ans.

Son corps fut déposé dans un mausolée que lui élevèrent ses neveux, sur le modèle de celui du pape Clément XIII, qui est connu sous le nom de *Sarcophage d'Agrippa*. Il a été depuis transporté dans la cathédrale de Nîmes. Son cœur, renfermé dans un autre monument, est resté à Rome, dans l'église Saint-Louis-des-Français.

Des poésies légères avaient fait la réputation de la jeunesse du cardinal de Bernis et lui avaient ouvert les portes de l'académie française. Leur réputation a décru depuis, et on leur a reproché plus de luxe que de véritables richesses. On sait que Voltaire l'appelait *Babet la bouquetière*, du nom d'une bouquetière célèbre à Paris. Personne ne les jugeait plus sévèrement que lui. Il n'aimait point qu'on lui en parlât. Elles ne flattaient point son amour-propre comme poète et ne lui paraissaient pas exemptes de reproches comme évêque. Il préférait sous tous les rapports un poème que le chevalier d'Azara fut chargé de publier après sa mort : *La religion vengée*, où l'on rencontre de très beaux vers et de belles pensées [1].

[1] Voyez *Biographie universelle* et l'*Éloge* placé en tête des œuvres complètes du cardinal de Bernis.

COADJUTEURS ET ÉVÊQUES IN PARTIBUS,
Jusques en 1789.

CHARLES-JOSEPH DE QUIQUERAN DE BEAUJEU. — D'abord grand-vicaire de M. de Castries, fut sacré par ce prélat, assisté des évêques de Castres et de Lavaur, avec le titre d'*évêque in partibus de Leuse*, dans l'église Sainte-Cécile, le 25 août 1734. Il administra pendant quelque temps le diocèse d'Albi en l'absence de Mgr. de Castries qui lui donna tous ses pouvoirs. Il avait été nommé évêque de Mirepoix, lorsqu'il décéda à Albi, le 24 juillet 1737. Il fut inhumé à Sainte-Cécile, dans la chapelle de Saint-Jean. Monseigneur de Castries y fit élever à sa mémoire un monument en marbre noir, sur lequel il fit graver une épitaphe en son honneur.

JEAN-PIERRE DE BRUNET DE CASTELPERS DE PANAT. — Évêque d'Ivry, *in partibus*, fils du comte de Panat et de dame Marie de Toulouse-Lautrec, fut d'abord chanoine et prévôt du chapitre de Sainte-Cécile, et plus tard nommé évêque d'Ivry, *in partibus*, en 1740. Il fut sacré à Paris, en cette qualité, par Mgr. de Castries, qui l'avait pris pour son grand-vicaire après la mort de Mgr. de Beaujeu. En l'absence de l'archevêque, et après sa mort, pendant la vacance du siége, il remplit toutes les fonctions épiscopales dans le diocèse d'Albi. Le 1er février 1749, il fut nommé prévôt du chapitre collégial de Saint-Salvi et occupa cet emploi jusqu'à sa mort, qui eut lieu le 18 juillet 1766. Il était âgé de 65 ans. Il fut enseveli au cloître de Saint-Salvi, dans le tombeau de sa famille, placé au-dessous d'une des chapelles latérales de cette église.

48

FRANÇOIS DE PIERRE DE BERNIS. — Coadjuteur d'Albi. Né à Nîmes et neveu du cardinal, fut sacré à Rome évêque d'Apollonie, par le pape Pie **VI**, le 30 décembre 1781. Il fut nommé coadjuteur d'Albi, avec le titre d'archevêque de Damas, en 1784. A partir de cette époque, il administra le diocèse d'Albi, en cette qualité, jusques en 1789. A l'époque de la révolution, il fut député du clergé aux états-généraux. Appelé au siége de Rouen, en 1816, il mourut à Paris, le 24 février 1823.

ARCHEVÊQUES
Depuis le rétablissement du siége.

CHARLES BRAULT.—1823.—Baron, chevalier de la Légion-d'Honneur, naquit à Poitiers, le 14 août 1752, d'une famille ancienne dans le barreau. Il eut à peine terminé ses études, qu'il fut distingué par ses chefs et appellé à professer la philosophie et les sciences physiques dans un établissement ecclésiastique de la Rochelle. La supériorité avec laquelle il remplit son emploi fixa sur lui l'attention de l'évêque, qui le nomma d'abord chanoine de l'église de Sainte-Radegonde de Poitiers, ensuite curé d'une des paroisses de cette ville. Les talents et l'habileté qu'il déploya dans le ministère lui valurent successivement les titres d'archidiacre et de grand-vicaire, enfin de professeur de théologie à l'université de Poitiers. Il remplissait ces fonctions lorsque la révolution le força à quitter la France. Rentré dans sa patrie, après les jours mauvais, les personnes notables de la ville et du clergé de Poitiers le désignèrent comme le plus digne d'occuper le siége épiscopal de cette ville; et si ce vœu spontané ne put pas être rempli, ce fut par suite de la règle alors adoptée de choisir les évêques hors du département où ils avaient pris naissance. Mais un témoignage aussi éclatant ne pouvait être sans résultat. M. Brault fut nommé à l'évêché de Bayeux et sacré en cette qualité, le 16 mai 1802. C'est là qu'il fit connaître tout ce que peut un évêque vertueux pour le bien de la religion. Son premier soin fut de travailler à rallier les esprits en faisant disparaître le schisme qui désolait alors cette contrée. Dans cette tâche difficile le succès le plus complet répondit à son zèle et à ses efforts. Il répara les ruines du sanctuaire, fonda plusieurs écoles ecclé-

4

siastiques et un grand nombre d'établissements religieux. Ses diocésains l'aimaient comme un père, le clergé comme un ami et un soutien, les pauvres comme leur protecteur et leur appui. Un mérite aussi éminent le porta en 1823 à l'archevêché d'Albi qu'il a dirigé jusqu'à sa mort avec une sagesse et une supériorité qui lui avaient attiré au plus haut point le respect et la vénération publique.

Ses talents et ses hautes lumières l'élevèrent aux plus hautes dignités de l'état qu'il n'avait jamais recherchées. Nommé baron et membre de la Légion-d'Honneur sous l'empire, promu à la dignité de pair de France en 1827, les honneurs ne lui ôtèrent rien de ces mœurs simples et douces qui conviennent à un ministre de l'évangile. Toujours un esprit de conciliation, de douceur et de charité guidait ses démarches, dirigeait ses discours et présidait à ses conseils; avec des manières insinuantes, il savait se conformer à tous les caractères, à tous les âges, à toutes les conditions. Observateur de tous les égards, il était indulgent sans flatterie, poli sans affectation, populaire sans fadeur; sachant parler à chacun son langage propre, et toujours d'une manière intéressante: il ne] cachait que la supériorité de son esprit; mais on l'apercevait, et jamais il ne fit désirer qu'il en eût moins.

Ce charme qu'il portait dans le commerce de la vie, s'attachait aussi à ses écrits. Son éloquence était insinuante et persuasive; ses discours respiraient une piété tendre, une charité compatissante, un zèle ardent pour le salut des âmes.

C'est surtout dans ses lettres pastorales que son âme semblait se répandre tout entière, et ses mandements sont de véritables chefs-d'œuvre.

Ce vénérable prélat termina sa carrière le 25 février 1833.

Suivant son désir, son corps fut porté dans le cimetière de l'hospice, au milieu des pauvres, dont il avait été l'ami et le protecteur.

FRANÇOIS-MARIE-ÉDOUARD DE GUALY. — Né à Milhau (Aveyron), le 24 octobre 1786, sacré évêque de Saint-Flour le 30 novembre 1829, promu à l'archevêché d'Albi le 18 mars 1833; installé par procuration le 23 décembre 1833, et personnellement le 7 janvier 1834.

Ce prélat, qui tient actuellement le siége d'Albi, rappelle, par ses éminentes vertus, le souvenir de ceux de ses prédécesseurs qui ont le plus honoré l'épiscopat.

ÉVÊQUES DE CASTRES,

L'évêché de Castres, érigé en 1317 par le pape Jean XXII, et détaché du diocèse d'Albi, fut d'abord suffragant de Bourges et le devint dans la suite d'Albi. Il renfermait 114 paroisses. Son chapitre qui avait seize chanoines, était auparavant régulier et fut sécularisé en 1531. L'église cathédrale était sous l'invocation de saint Benoît et de saint Vincent. L'évêque jouissait de trente mille livres de revenus. Cet évêché, supprimé en 1801, fait aujourd'hui partie du diocèse d'Albi.

Nous suivrons dans la chronologie des évêques de Castres l'ordre de succession adopté par la *Gallia Christiana* et par les pères Richard et Giraud.

Suite des Evêques.

DIEU-DONNÉ. — Abbé du monastère de Lagny-sur-Marne, au diocèse de Paris, nommé par Jean XXII, le 5 août 1317. Il condamna, l'année suivante dans une assemblée de quelques évêques et de quelques théologiens, certains articles qu'on attribue aux religieux de l'ordre de Saint-François. Il mourut en 1327.

AMÉLIE DE LAUTREC. — Abbé de Saint-Saturnin de Toulouse, succéda à Dieu-Donné, au mois de janvier 1327, et mourut en 1338.

JEAN 1er DES PRÉS tirait son origine des seigneurs de Mont-Pezat. Il succéda à Amélie en 1338, et mourut avant le 2 août 1353.

ÉTIENNE DE ALBAVO succéda à Jean.

PIERRE 1er siégeait en 1359. Il fut fait cardinal le 22 septembre 1368 et mourut à Viterbe, le 7 octobre 1369.

RAYMOND Ier DE SANCTA GEMMA , doyen de l'église collégiale de Burlats , élu le dernier mai 1364 , mourut en 1374.

ELIE DE DONZENACO , d'une illustre famille du Limousin, fils d'Ebbon de Vantadour et de Gallienne , fille de Gérard de Malament , seigneur de Donzenac , petite ville entre Brives et Uzerche , siégeait en 1375, 1378 , 1383, année où il mourut le 30 mai.

GUI DE ROYE , de l'illustre maison de ce nom , en Picardie , succéda à Elie en 1383. Le 8 octobre , il fut fait archevêque de Rheims.

DIEU-DONNÉ II , élu en 1386 et mort en 1388.

JEAN II ENGARD. Le 2 décembre 1388 ; alla au concile de Pise en 1409 , et mourut en 1418.

AIMERIC , élu en 1418 , mourut en 1421.

RAYMOND II DE AVILHAN , transféré de Saint-Paul-Trois-Châteaux , fait cardinal par Martin V , mourut le 22 octobre 1427.

JEAN III , confesseur de Charles VII , roi de France , fait cardinal par Félix V , succéda à Raymond.

PIERRE II , présida au concile de la province de Narbonne , dans la chapelle de Sainte-Magdelaine du palais archiépiscopal , à la place, de François de Conzié , alors archevêque , le 20 mai 1430.

GERARD MARIETI , en 1432 ; il siégea seize ans.

MARALD DE CONDOM , après une vacance de six mois , fut élu en 1449.

JEAN IV D'ARMAGNAC , frère de Jacques , duc de Nemours, etc. , élu fort jeune , en 1460 , siégea jusques vers l'année 1493.

CHARLES Ier DE MARTIGNY.

JEAN V DE MARTIGNY , succéda à Charles , et ne siégea que quelques mois.

PIERRE III DE MARTIGNY , frère de Charles , siégea depuis 1509 jusqu'en 1526.

CHARLES II DE MARTIGNY , nommé par François Ier , siégea près de deux ans.

JACQUES DE TOURNON , cousin du cardinal , nommé en 1531, sécularisa son chapitre , avec l'agrément de François Ier et de Paul III. Le chapitre était alors composé de six dignitaires et de vingt-quatre moines. Le parlement de Toulouse fit quelque difficulté de recevoir la bulle de sécularisation ;

mais elle passa l'année suivante. Jacques, après avoir résigné à celui qui suit, monta sur le siége de Valence.

ANTOINE-CHARLES DE VESC, grand-chantre d'Avignon et évêque de Valence, permuta pour Castres; il fut admis en 1535. Quelques moines refusèrent de se séculariser de son temps; mais la bulle fut confirmée par arrêt du conseil d'état le 16 mai 1547. Antoine mourut, après avoir fait quelques réglements pour son nouveau chapitre, en 1551.

CLAUDE DAURAISON siégea dans des temps difficiles, à cause des nouveaux hérétiques qui remplirent son diocèse de vols et de meurtres. Sa ville épiscopale fut prise deux fois par ces sectaires, qui profanèrent son église, le mirent lui-même en prison avec tout son chapitre, pillèrent les vases sacrés et renversèrent les autels. Claude alla aux états de Blois en 1577, après quoi il s'exila volontairement, laissant cependant un vicaire-général qui gouvernait pour lui. Il mourut en 1583.

CHARLES III DE LORRAINE, cardinal de Vaudemont, mort à Toul en 1588.

JEAN VI DE FOSSÉ, Toulousain, docteur en théologie, de la maison de Navarre, chanoine de l'église métropolitaine de Toulouse, nommé par Henri III, en 1583, mourut le 13 mai 1632, après avoir siégé quarante-huit ans.

JEAN VII DE FOSSÉ, neveu du précédent et son coadjuteur, mourut au mois de septembre 1654.

CHARLES-FRANÇOIS DANGLURE DE BOURLEMONT, évêque d'Aire, transféré à Castres en 1657, ensuite à Toulouse en 1662.

MICHEL TUBOEUF, aumônier du roi et abbé de Saint-Urbain, nommé évêque de Saint-Pons, et de là transféré, au mois juillet, à Castres. Il mourut en faisant travailler au chœur de son église, le 16 avril 1682.

AUGUSTIN DE MAUPEOU, parisien, fils de Réné, président à la première des enquêtes du parlement de Paris, docteur de Sorbonne, doyen de l'église de Saint-Quentin, avocat-général au grand conseil, fut nommé, par le roi, évêque de Castres le 3 juillet 1682; il ne fut confirmé par le pape que le 23 novembre 1693. Il passa, le 11 avril 1705, à l'archevêché d'Auch, où il mourut en 1712.

HONORAT DE QUIQUERAN DE BEAUJEU, prêtre de l'Oratoire, vicaire-général de Nîmes, fut nommé à l'évêché de Castres au mois d'avril 1705 , et sacré le 25 octobre suivant. Il fit ériger un séminaire pour l'instruction des clercs de son diocèse , peu de temps après qu'il en eut pris possession , et mourut en 1736.

FRANÇOIS DE LASTIC DE SAINT-GAL , depuis 1736 jusqu'en 1752.

JEAN-SÉBASTIEN DE BARRAL , né à Grenoble en 1710 , et vicaire-général de Vienne , fut sacré le 17 décembre 1752.

JEAN-MARC DE ROYÈRE , sacré évêque de Tréguier en 1767 ; transféré à Castres en 1773 ; démissionnaire en 1801; mort en 1802 : fut le dernier évêque de Castres.

ÉVÊQUES DE LAVAUR.

L'évêché de Lavaur fut fondé en 1317 par le pape Jean XXII. Il était suffragant de Toulouse. La cathédrale de Saint-Alain, qui, avant son érection, était un prieuré conventuel de l'ordre de Saint-Benoît, dépendant de l'abbaye de Saint-Pons-de-Tomières, avait un chapitre composé de douze chanoines.

Le diocèse consistait en 88 paroisses; l'évêque possédait trente-cinq mille livres de revenu. Ce siége a été supprimé en 1801, et réuni en 1817 au diocèse d'Albi. Nous suivrons encore, dans la chronologie des évêques de Lavaur, l'ordre de succession adoptée par la *Gallia Christiana* et par les pères Richard et Giraud.

Suite des Evêques.

ROGER DARMAYNAT présidait à cette église en 1318.

ROBERT, fils de GASTON DE FOIX, comte de Béarn, fut élevé sur ce siége le premier juillet 1338.

ARCHAMBAUD DE LAUTREC, évêque de Lavaur en 1355; passa dans la suite à l'évêché de Châlons-sur-Marne.

ROBERT II DE VOIE, neveu du pape Jean XXII.

GILLES AISCELIN, après avoir gouverné cette église, fut fait cardinal et évêque de Boulogne-sur-Mer; ensuite transféré à l'église du Puy en 1390; enfin à celle d'Avignon.

GUI DE LA ROCHE fut élevé sur ce siége le 13 janvier 1391.

BERNARD DE CASENEUVE.

PIERRE Ier DE VISSAC fut aussi administrateur de l'église de Saint-Flour.

BERNARD DE MAUMONT passa de l'église de Mirepoix à celle-ci en 1405.

PIERRE II NEVEU fut transféré de cette église à celle d'Albi en 1412.

PIERRE III DAILLY, évêque de Lavaur, le fut aussi du Puy, archevêque de Cambrai et cardinal.

JEAN BELLY ou BELLIN, docteur en droit et auditeur de Rote, assista, au nom de la province de Toulouse, au concile de Constance en 1415, en revint en 1423, et mourut le 20 septembre 1449.

JEAN III GENTIAN gouvernait cette église en 1460.

JEAN IV VIGER.

BERNARD II est rappelé dans les registres de la Chartreuse de Castres, en 1470 et 1479.

HECTOR, fils naturel de Jean II, duc de Bourbon, passa de cet évêché à la métropole de Toulouse.

PIERRE IV DE ROSERGE.

SIMON DE BEAU-SOLEIL accompagna Jean d'Orléans dans son entrée solennelle à Toulouse, ainsi que les autres suffragants de ce dernier, en 1522.

PIERRE DE BUNI mourut en 1526.

GEORGES DE SELVE, fils de Jean, premier président du parlement de Paris, présidait à cette église en 1529; François Ier le fit son ambassadeur vers l'empereur Charles V, cette même année, ainsi que vers la république de Venise. Il mourut en 1541, après avoir donné au public plusieurs ouvrages, soit de sa composition, soit traduits par lui.

PIERRE V DE MARBUIL était abbé de Saint-Pierre-de-Celles près Troyes et de Brantôme, en Périgord, lorsqu'il fut élevé sur ce siége en 1542, et fut inhumé à Brantôme le 20 mars 1556.

PIERRE VI DANÈS avait été premier professeur de la langue grecque dans l'université de Paris et précepteur du dauphin, lorsqu'il fut placé sur ce siége. Envoyé avant son épiscopat par François Ier au concile de

Trente, il y parla avec son éloquence ordinaire, à la louange du roi et de l'église gallicane, en 1546. Scævole de Sainte-Marthe fait de lui en peu de mots un élégant éloge. Il mourut en 1577.

PIERRE VII, fils de Pierre du Faur, seigneur de Pibrac, président au parlement de Toulouse, eut aussi un frère au parlement de Paris.

HORACE DE BIRAGUE, parent du cardinal de ce nom, fut fait évêque de Lavaur et assista au concile provincial de Toulouse en 1590.

CLAUDE DU VERGIER était conseiller au parlement de Toulouse lorsqu'il fut mis à la tête de cette église, et sacré à Paris, en 1606. Il assista à l'assemblée du clergé, tenue à Paris, en 1626, et mourut en 1636.

CHARLES-FRANÇOIS DABRA DE BACONIS, théologal de Paris et prédicateur du roi, fut nommé à cet évêché en 1637, et sacrée en 1639. Il fit l'oraison funèbre de Louis XIII, en 1643, et mourut en 1646.

JEAN-VINCENT DE TULLES, sacré d'abord coadjuteur de son oncle, sous le titre d'évêque de Dioclée, présida six ans sous ce titre à l'église d'Orange, et y travailla à réprimer les novateurs. Il fut transféré à ce siége le 30 octobre 1646.

N.... SAUVAGE fut un prélat très vertueux.

CHARLES LE GOUX DE LA BERCHÈRE. Fut ensuite évêque d'Albi.

ESPRIT FLÉCHIER, l'un des quarante de l'Académie française de l'an 1673, fut sacré évêque de Lavaur le 12 novembre 1685, puis de Nismes au mois d'août 1689 et sacré à Paris le 24 août 1692. Il ne se rendit pas moins illustre par les travaux auxquels il se livra pour son peuple, que par son éloquence et ses écrits. Il mourut à Montpellier le 16 février 1710, âgé de 78 ans.

AUGUSTIN-VICTOR DE MAILLY DE NESLE, fils de Louis-Charles Ier, marquis de Nesle, et de Jeanne de Monchi; d'abord chanoine, puis grand-prieur de l'abbaye de Saint-Victor de Paris, et enfin évêque de Lavaur, mourut le 23 décembre 1712.

NICOLAS DE MALEZIEU, fils aîné de Nicolas de Malezieu, chancelier de la principauté de Dombes et chef des conseils du duc de Maine, fut abbé de Moreilles, docteur de la maison de Sorbonne, et sacré évêque de Lavaur le 22 octobre 1713. Il est mort âgé de 66 ans, au mois de mai 1748.

JEAN-BAPTISTE-JOSEPH DE FONTANGE, né dans le diocèse de Saint-Flour en 1718, fut sacré le 12 décembre 1748.

JEAN-DE-DIEU RAIMOND DE BOISGELIN, né en 1730, sacré le 28 avril 1765. Transféré à Aix en 1770.

JEAN-ANTOINE DE CASTELLANNE, né le 18 mars 1732, sacré le 2 juillet 1771, démissionnaire en 1801, fut le dernier évêque de Lavaur.

FIN DE LA BIOGRAPHIE.

TABLE.

BIBLIOTHÈQUE ROYALE

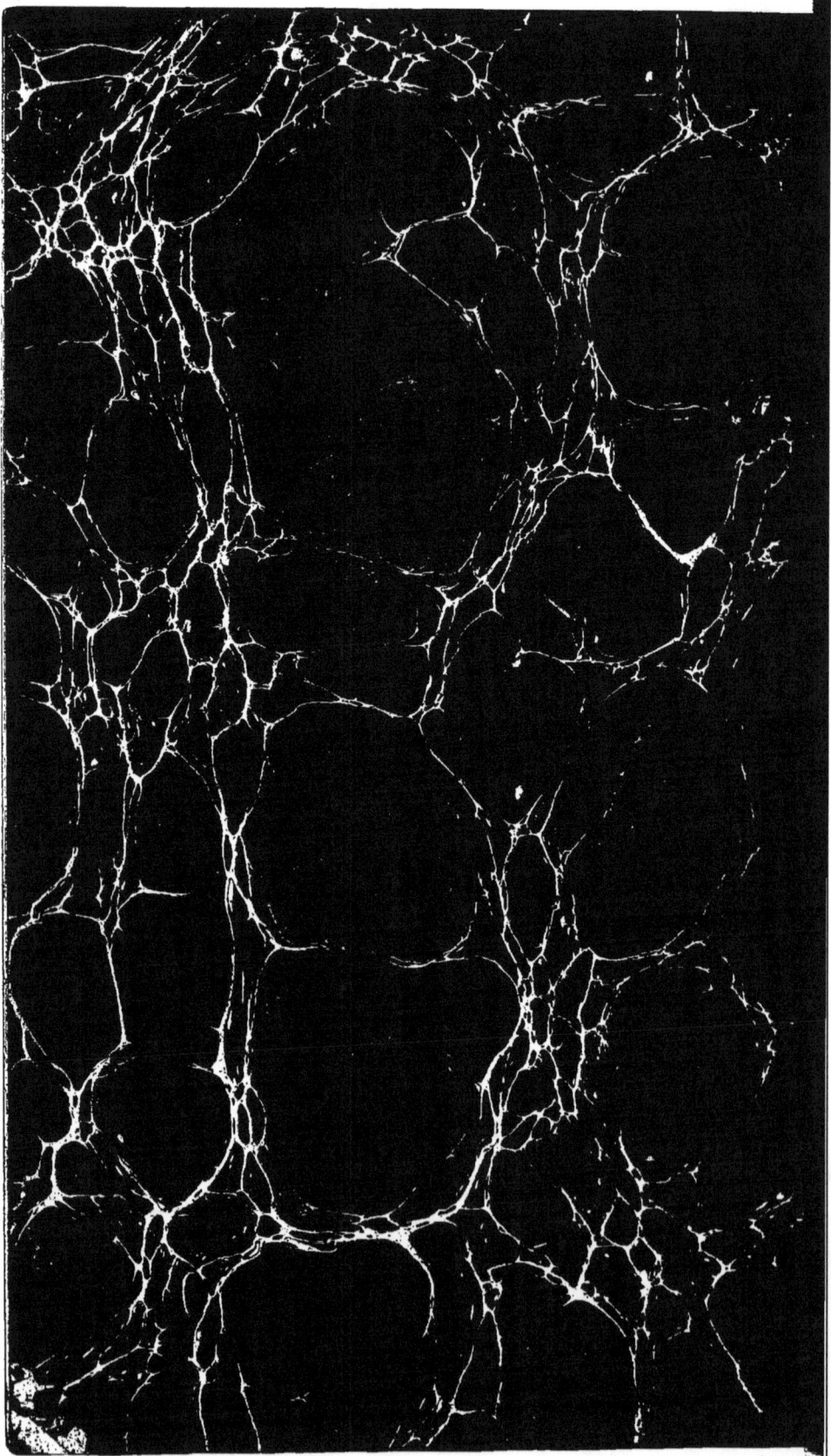

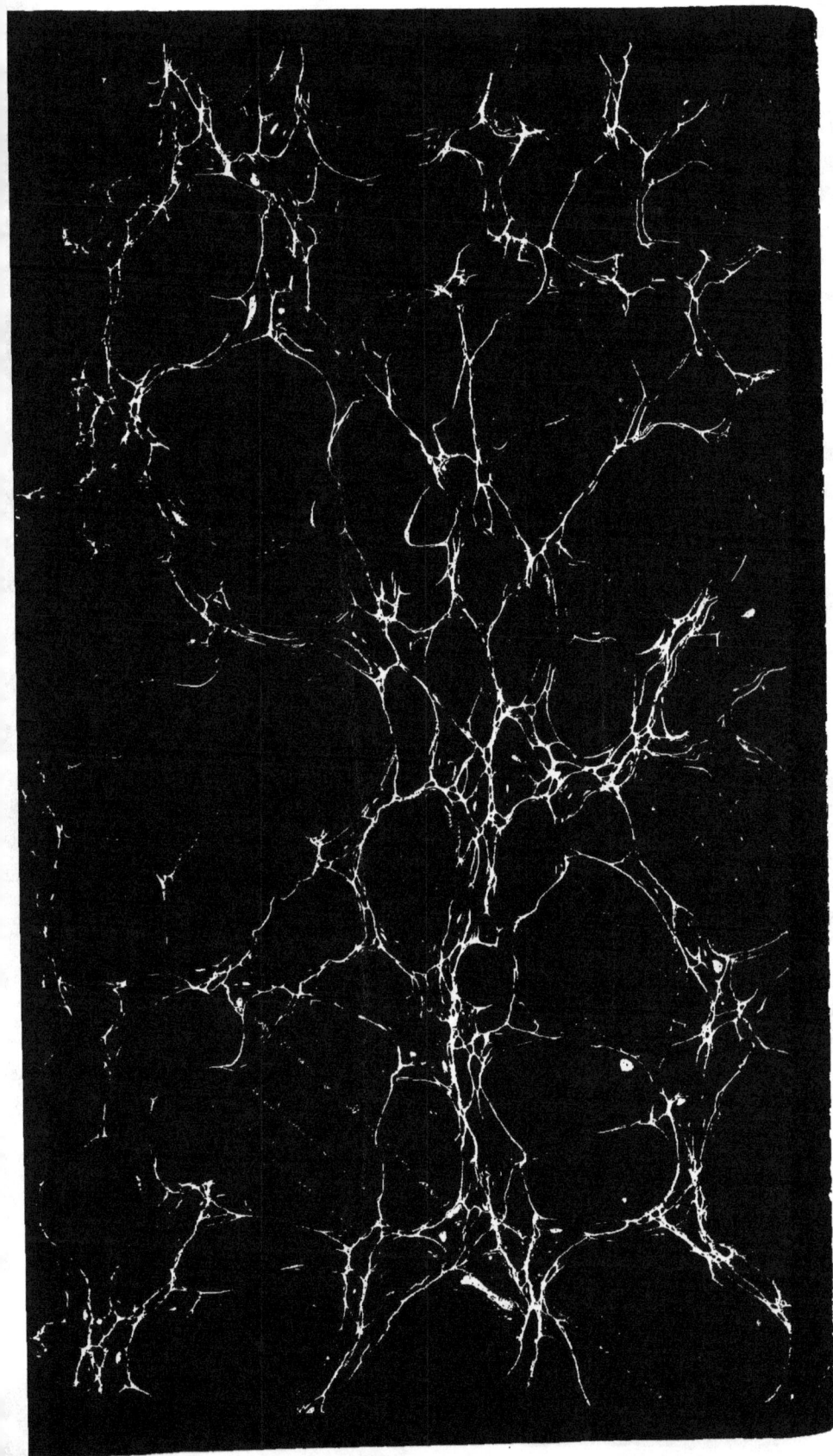

BIBLIOTHEQUE NATIONALE DE FRANCE

3 7531 00293073 4

www.ingramcontent.com/pod-product-compliance
Lightning Source LLC
Chambersburg PA
CBHW071809090426
42737CB00012B/2013

* 9 7 8 2 0 1 9 6 1 8 0 4 9 *